初心者でも失敗しない
「世界基準のお金の増やし方」

新NISA 2.0

江守哲
エモリファンドマネジメント株式会社
代表取締役

講談社　日刊現代

はじめに

1%の人しか知らない「新NISA」の正解とは？

日本の歴史を振り返っても、投資に対する国民の熱気が、今ほど高まったことはありません。ITブームで投資の世界が湧いたことはありましたが、ブームと呼べるものではなかったでしょう。

日本の社会全体のムードが変わったのは、過去を振り返っても確実に今だけ。その理由は、みなさんご存じ「**新NISA**」です。

2024年は、TVも雑誌も経済関連の話題は新NISAばかり。新NISA関連本も怒涛の勢いで出版されています。

しかし、**どの手法も論理も、詰めが甘いと言わざるをえません。**

そもそも株式投資は「今日より明日、明日より明後日と企業も経済も成長するはず」という考えを前提に行うものなので、多少の儲けは得られます。

ですが、それではソコソコ止まり。大きく儲けられることもなければ、投資の面白みを実感する域にも到達できません。

私は、大手商社や外資系企業で、資産運用や金融市場・国際情勢の分析を専門に活動し、世界基準の知識とノウハウを習得してきました。株式・金利・為替・コモディティ市場を把握している人間としては、少なくとも日本でトップクラスだと自負しています。

２０２０年にエモリファンドマネジメントを設立。２０２２年の米国株暴落、２０２３年のハイテク株急上昇を事前に予測しました。現在はファンド運営をしつつ、YouTubeで最新の投資予測を毎日アップしています。

本書では、新ＮＩＳＡに特化し、**1%の人しか知らない投資の正解**を解説します。

基本方針は、次の「**5分割投資**」です。

1　S&P500またはオルカン（オールカントリー）
2　インド株
3　テーマ株
4　ゴールド
5　タイミング投資

この5つに分散投資するスタイルを、本書では「**新NISA2・0**」と呼びます。

「なぜインド？」「なぜゴールド？」「タイミング投資はプロの手法なのでは」と驚いた方も多いかもしれません。

しかし、もちろんすべて理由がありますし、投資初心者でも問題ありません。むし

新 NISA2.0

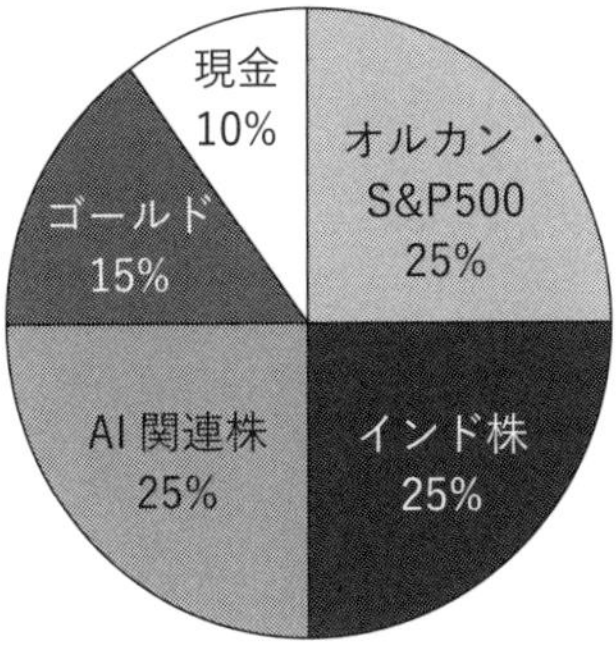

ろ、**仕事が忙しくて時間がない人、難しいことが苦手な人にも向いていると言えるほど簡単**です。

新NISA関連の「勝てそうな感じの」「真実っぽい」ノウハウは、実にあちこちに転がっています。しかし、私の目から見ればどれも嘘ばかり。少なくとも根拠が不十分ですし、信頼できません。

そもそも、**運用の専門家が解説しているものは皆無と言って差し支えありません。**そのようなものを、多くの日本の個人投資家が見せられ、そして信じてきてしまった過去があります。

そのような実態を改善し、本物のプロが解く、「世界基準の正しい運用戦略」を理解し、実践していただくために本書を出版することにしました。

ぜひ、本書をきっかけに新NISAで勝ってください。投資の面白さを実感し、新たな世界への扉を開いてもらえたら、それ以上の幸せはありません。

それでは、スタートしましょう。

本書を読むメリット

- 投資の楽しさや面白さを知ることができる
- 自信を持って投資に臨めるようになる
- メディアの情報に惑わされず、信頼できる情報を見極める目が養える
- 「日本の将来」と「世界経済の関係性」を理解できる
- 投資に関する情報を効率的に集める力が身につく
- S&P500やオルカンの限界を知ることができる
- 今後数年はインド株がおすすめである具体的な理由がわかる
- AIやハイテク、環境関連など、今後有望な10個のテーマ株がわかる
- 直近のゴールドの動向がわかる

CONTENTS

第2章 「S&P500」「オルカン」洗脳を解く

第3章

今が攻めどき!「インド株」を買おう

第4章

大きく稼げる！「テーマ株」を狙う

第5章 攻めにも守りにも転じる「ゴールド」は今が旬

第6章

勝率アップのカギは、銘柄ではなくタイミング

第7章 世界基準の投資家の思考と行動

※本書は投資の参考となる情報提供を目的としています。本書の内容は2024年5月時点の情報に基づいております。内容には正確を期するため万全の努力をいたしましたが、万が一誤りや損害が発生した場合、出版社、著者ならびに本書制作関係者はその責任を負いかねます。また、本書は投資勧誘を目的とするものではありません。投資にあたっての意思決定、最終判断は、ご自身の責任でお願いいたします。

第1章

5分割して
リターンを増やす！
「新NISA2.0」

「S&P500やオルカン一択」は今日で終わり！

投資2年目から「新NISA2・0」を始めるべき理由

最初に、「新NISA2・0」をおすすめする理由についてお話ししましょう。

2024年より始動した新NISA。非課税期間は無期限化し、非課税上限額が拡大したことのインパクトは大きく、日本社会は新NISAブームに沸いています。

本書を手に取った人は、新NISAを活用しての投資はすでに始めていることと思います。一方で、4月に米国株が急落し、新NISAを始めたばかりの投資初心者は「政府に騙された」「損するなんて知らなかった」などとX（旧Twitter）に書き込んでいます。

「投資は一時的に評価損が出る」ことを理解しないで始めた投資家がいかに多かったかがわかります。

これが、新NISAという「制度」だけが先走りしたことを意味します。結局のところ、「資産運用」の本質を学ばないで投資を始めるとこのようなことになるのです。

このように考えると、こんな疑問が生まれるのではないでしょうか。

「今のままの進め方で、本当にいいのか？」
「投資先や方法を間違ってはいないか？」

投資を始めたものの、はたしていい投資をできているのだろうか――。そんな不安や悩みをお持ちの人は多いと思います。

新NISAの主目的は、投資経験のなかった国民を、貯蓄から投資へとマインドチェンジさせること。よって、初心者向けの商品が大人気のようです。

なかでも、S&P500や全世界株式、通称「オルカン」に資本が集中しています。

これは「S&P500やオルカンであれば、そのままほったらかしでいい」という論調が強く、深く考えずにお金を充てている初心者が多いことが大きな要因です。

もしかしたら、あなたもその一人ではないでしょうか。

しかし、私が断言しましょう。


人と同じことをしていては、大きな成果は見込めません。


S&P500やオルカンへ集中投資するのは、安全牌ではあるかもしれませんが、投資1年目の初心者がすることです。決して、賢明な手法とは言えません。

もう少し大きな成果を目指す人、そして投資2年目以降に入った人は、さらにレベルを上げるべきです。

言い換えると、**より大きなリターンを狙うなら、「S&P500やオルカン一択」といった「新NISA1・0」を卒業し、プラスアルファの投資戦略を持つべきである**、ということです。

会社に勤めつつラクに稼げる

新NISA2・0の「黄金比率」とは？

とはいえ、投資のプロではない人にとって、生活のすべてを投資に充てることは難しいでしょう。

平日は仕事があり、休日には謳歌したい趣味もあるかもしれません。家庭を持っている人は、平日の夜だって子育てや家事に追われ、投資関連の時間をなかなか工面できませんよね。

ですが、時間を確保できなくても問題ありません。**「新NISA2・0」は非常にシンプルで、むしろ投資関連に時間を割けない人にこそ向いています。**

必要なのは、社会に対するもう少し深い理解と、投資法の若干のチューニングだけ。本書では、現代社会の状況についても主要国家を中心に解説しているので、最後まで読むと正しい知識がある程度身につきます。

投資資金を「5分割」する

では、「新NISA2・0」の全体像を紹介しましょう。

投資2年目以降の人に勧めたいのは、**毎月の投資資金を「人気の投資信託」「インド株」「テーマ株」「ゴールド」「タイミング投資用」の5つへの分割投資**です。

①人気の投資信託：25％

S&P500またはオルカンに積み立てます。

②インド株：25％

図1　新NISA2.0の黄金比率

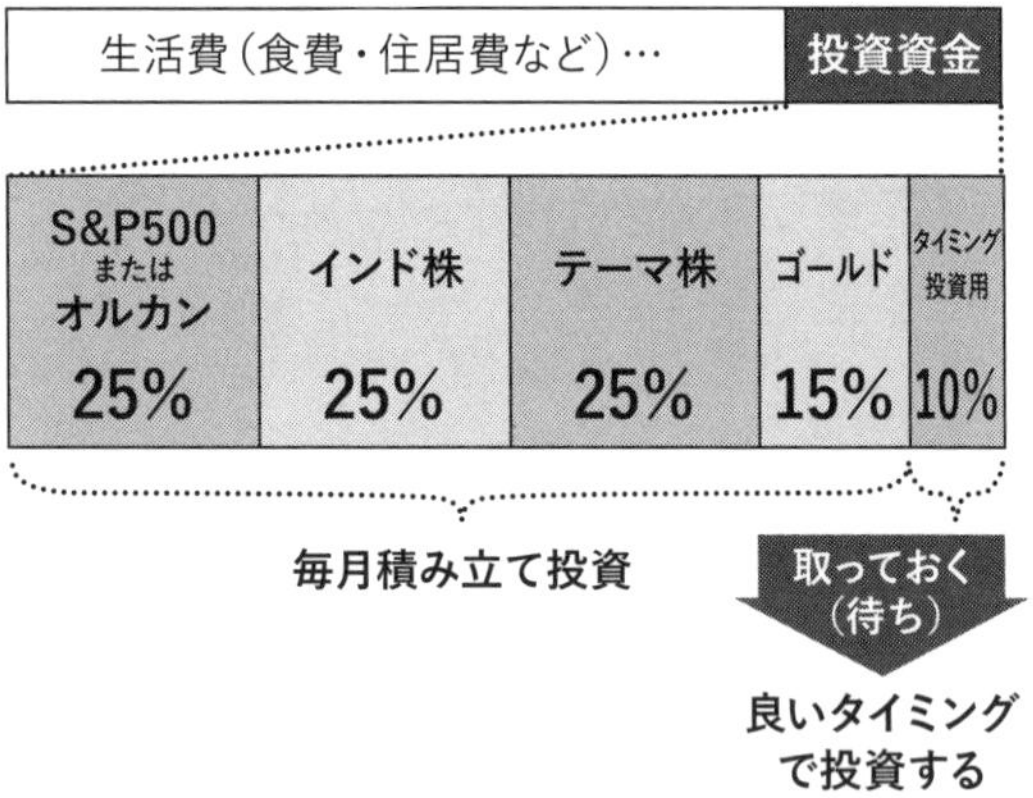

出所：筆者作成

インド株に積み立てます。おすすめは「個別銘柄」ではなく「**ETF**」です。

③テーマ株：25％

上昇が期待されるテーマ株に積み立てます。

④ゴールド：15％

ゴールドのＥＴＦに積み立てます。人気の投資信託と、同じタイミングで買うこと。

⑤タイミング投資用：10％

積み立て投資には回さず、取っておく

用のお金です。好機がやってきたときに、一括投資します。

毎月、この5つに投資資金を充ててください。

たとえ人気の投資信託がどんどん上がっているからといって、「オルカンに1年分の金額を入れてからインド株を買う」といった投資をしてはいけません。タイミング投資用以外は、毎月コツコツと積み立てる戦略を基本としてください。

ただし、2点補足があります。

●月によって全体の投資額が変動するのは問題ありません。

●資金が少ない人は、⑤のタイミング投資用の資金は残さず、しばらくのうちは①～④の投資対象に全額回しましょう。その場合には、④の比率を25％にしてかまいません。また、③の判断が難しいという方は、当初は①と②と④の3分割でも構いません（初心者は、しばらくはこれで十分です）。

⑤のタイミング投資は、投資額が1000万円程度まで増えてから始めても問題ありません。当初はとにかく、投資をどんどん進めていきましょう。

私は、新NISAの枠（成長投資枠＋つみたて投資枠の計1800万円）はできるだけ早めに埋めることをおすすめしています。余剰金が生まれたら積極的に投資に回し、**可能な限り早く枠を使い切ってしまいましょう。**

このときも、「人気の投資信託：インド株：テーマ株：ゴールド：タイミング投資用」は「25：25：25：15：10」にするのが鉄則です。（テーマ株やタイミング投資が難しいという方は、前述のような配分で構いません）。

「新NISA2・0」の最大のメリットは、**リスクをある程度抑えられる一方、管理が比較的楽であること。**

投資において、分散は有効なリスク対策となります。しかし、ただやみくもに数多く分散させればいいということではありません。管理が難しくなるほど、判断力が鈍化するからです。

そもそも投資のプロのように、100銘柄や1000銘柄も運用するのは一般人には不可能です。5つというのは、一般の人にとって最適な数だと思います。

「新NISA2・0」は、経済の動向チェックなど**情報収集に時間をかける必要がなく、仕事にも家庭にも、支障をきたすことはありません。**

一方で、「S&P500、オルカンのみ」よりも投資の楽しさを味わえる投資スタイルです。

5〜10年先までは、リスクを恐れずに進むべき状況

お金の充て先として、私がこの5つを選んだ背景には、利益を出すための戦略があるからです（詳しくは第2章以降で解説します）。

投資初心者は守りの意識が強くなりがちですが、**中級以上を目指すなら積極性を高めなければなりません。**そこで、インド株・テーマ株・ゴールド・タイミング投資を取り入れたのです。

リスクはやや上がりますが、S&P500やオルカン一択よりもリターンの期待値は高いです。

さすがに20年先まで同じバランスが正解であり続ける保証はありませんが、少なくとも**「5～10年先まで」はこの配分で問題ない**と私は考えています。

そもそもS&P500もオルカンも含め、下がるときは結局すべて下がりますし、リスクを恐れていては運用できないでしょう。そして今の市場は、ある程度のリスクを取りにいったほうがいい環境です。

なお、「新NISA2・0」は中長期を見通した戦略のため、人気の投資信託・インド株・テーマ株・ゴールドともに、**よほどのことがない限り売ることはおすすめしません。**

下がると心理的につらくなるかもしれませんが、下落を味方につけるべく、タイミング投資枠を用意し、株式とゴールドの両刀使いでバランスを取っているのです。下落にも耐え、持ち続けてください。

下がったタイミングで損切りを決断すると、その後、心理的に買いにくくなってしまいます。

メディアの情報を鵜呑みにするな！

「本物の情報」を見極める簡単な方法

テレビ、新聞、ＳＮＳ、YouTube……実に多種多様な人が資産運用の解説をしています。きっとみなさんも、投資スキルを高めようとさまざまな情報収集に勤しんでいることでしょう。

しかし残念ながら、**メディアやSNSの情報は嘘まみれです。**支持の厚い人、有名なインフルエンサーを含め、誤った情報を流したり責任感のない対応をしたりといったことが本当に多い。私から見ると、「よくそんなこと言えるな」と思うほど、根拠の乏しい情報を自信満々に語っている人も珍しくありません。

なぜそう言えるのか。それは、彼らが本物のプロではないからです。そして、さらに残念なのは、そのことを見抜けていない投資家が世の中にたくさんいるということです。

たとえば、エコノミストが株について解説しているシーンをよく見かけると思います。しかし、そもそもエコノミストは「経済の専門家」であり、「株の専門家」ではありません。

エコノミストが株の解説をするのは、サッカー選手がプロ野球の解説をするようなもの。今の経済状況をひもとくのがエコノミストの仕事なので、株取り引きで最も重要な未来を予測する力はないのです。

また、見解がコロコロ変わる人がメディアで発信している点も、私は問題視しています。もちろん、ときには考えが変わることだってあるでしょう。それを否定するつもりはありません。ただ見解が変わったのなら、**なぜ変わったのかをきちんと説明するべきです。**しかし、見解が変わった理由を説明している人（発信者）を、私は見たことがありません。

予測も同じです。100％予想が当たる人はいません。神様でない以上、外れるのも仕方のないことでしょう。

しかし、外れた後に「なぜ外したのか」を検証する人も、謝罪する人もほぼいません。責任感のない態度には呆れるばかりです。

YouTubeで配信されている投資関連の動画もいろいろと見ていますが、「これは正しい・信頼できる」と感じたものは、正直ひとつもありません。

発信しているのは、個人投資家に毛が生えたような人ばかり。解釈も違っていれば、材料だって的外れなものばかりです。

なかには、自分の名前も、顔も、実績も、過去の経歴も明かさないにもかかわらず、数万、数十万再生されている人がいます。しかし、本質的な情報はほぼ皆無です。人気だからといって、YouTubeの動画を鵜呑みにするのは危険です。

そもそも、金融市場で仕事をしたこともない、まして運用実績もない人の話を参考

にしようという発想自体が、根本的に間違っています。

また、ジャーナリスト出身のコメンテーターや評論家の話にも要注意。彼らは金融のプロではなく、金融の仕事すらしたことがありません。無論、ビジネス経験もゼロです。そのような経歴で経済や株式市場、まして資産運用や投資の話をすることは、前に出した例と同類で、スポーツ新聞の記者がテレビでプロ野球の解説をしているようなもの。ありえない話であることが容易に理解できるでしょう。

銀行や証券会社が公開している情報には裏がある

それなら、「証券会社の見解なら専門性があり信頼に値するか」というと、答えはNOです。**証券会社は、自社の利益のために情報をコントロールしている**からです。

そもそも証券会社は、「利益を取りすぎ」と思って構いません。

証券会社の情報を信頼すべきでない理由は、もう1つあります。それは、**証券会社の情報をまとめている人にも問題がある**ということ。

証券会社の公開情報をまとめているのは、アナリストやストラテジストです。しかし、アナリストもストラテジストも、運用のプロではありません。

証券会社で運用成果を出せる人は、ずっとプレイヤーでい続けます。逆に、成果を上げられないと、プレイヤーからアナリストやストラテジストへ転向するケースが多いのです。

つまり、**アナリストやストラテジストは、うまく運用できなかった失格者である可能性もあります。**失敗して退場した人の話を、どうして信頼できるでしょう。

情報発信者の「実績」に着目する

では、信頼に値する情報はどのように見分ければいいのでしょうか。方法は極めてシンプルです。

それは、**語っている人の実績を確認すること。**

たとえば、投資戦略を構築する際の根拠を示し、具体的な投資戦略を提示し、その結果を示している人は信頼できます。また実際に運用を行っており、結果が良好である人も信頼に値するでしょう。私は少なくとも、自分の見通しと運用実績を出して解説しています。

欧米の投資家やヘッジファンドは、自らの戦略をメディアで語ります。実際に運用を行っているため、忙しいこともあり頻度は少ないですが、それでも表に出て自ら投資している銘柄を披露し、その根拠を解説することがあります。

ウォーレン・バフェット、ジョージ・ソロス、レイ・ダリオはその代表格。彼らはあまり頻繁に情報を発信するわけではありませんが、長きにわたってキャッチアップしていると、何を言おうとしているかを徐々に予測できるようになります。

しかし日本では、運用者などの「バイサイド」の人間がメディアに出ることは「ポジショントーク」とされ、あまり歓迎されません。実際にメディアに出ているのは銀行や証券などのいわゆる「セルサイド」の人間たちです。

中には「現役ファンドマネージャー」と謳ってメディアに出ている人間もいるようですが、本当にファンドの資金を運用しているのであれば、メディアへの出演は制限されるでしょうし、そもそも毎週のようにメディアに出ている暇はないでしょう。

このように、日本の個人投資家は、かなり偏った話を聞かされているのです。

本来であれば、実際に運用して成果を上げている人の話を聞くべきなのですが、日本ではなかなかそれがかないません。

かといって、本を読もうとする人もいるかもしれませんが、**成功者の本を読むのは、中級者にはまだ早い**かもしれません。行動様式の本は参考になるかもしれませんが、理解するには相応の知識が必要であり、簡単ではありません。迷宮入りして、優先順位を見誤るのがオチ。もう少し鍛錬を積んでからでもいいでしょう。

目的と手段を履き違えるな！

新NISAをするだけで満足してはいけない

そもそも、テレビも雑誌もネット番組も、新NISAで掲げるテーマといえば「制度そのもの」や「何を買うか」という話ばかり。

「新NISAを始めなければ損をする」「乗り遅れる」と訴えはするものの、新NISAをする目的や背景について語っているものがないのも問題だと思っています。

まず基本的なことですが、新NISAは投資における一制度に過ぎません。

本当に大事なのは、「**自分に必要なのはどのくらいの資産か**」「**どのようにして資産を形成するか**」です。

資産を検討するには、経済を理解する必要もありますし、デフレのトレンドが変わったことを察する洞察力、今後インフレが続きそうかどうかを予測する力も必要なのです。

昨今は、政治的な背景もあり自社株買いが増えていて、株価は上昇トレンドにあります。

インフレになり、マイナス金利が解除され、日本でも金利が上昇しそうな状況ですから、賃上げも徐々に浸透するでしょう。そうすると会社は、少しずつ余裕が生まれて、株価対策にも手が回るようになります。結果、株価はますます上がるはず——。こういったことを、きちんと考えているでしょうか。

もちろん、新ＮＩＳＡそのものには、私は大いに賛同しています。そもそも日本人は預金好きで、欧米に比べると投資への積極性ではずっと遅れをとってきました。投資に対してこれほど腰の重い日本人ですから、国策を講じなければ投資マインドには切り替わらなかったでしょう。

その意味で、新NISAは必要だったと思いますし、意義もあると考えています。

しかし、**投資の本質を理解していないと、株価が下がったときに気持ちが振り回され、失敗しかねない**のです。

「新NISAをする」ではなく「投資をする」意識を持つ

ここ10年以上、日本は株価を上げるための戦略を組んではいませんでした。しかしそのような中でも、もともとは数百万円だったものが気づいたら1億円になっていたというような人はたくさんいます。

ただの運という人もいるでしょう。ですが、**投資で成功している人は、投資の基本を理解し、投資に真剣に向き合っています。**

税金面で優遇される新NISAであっても、**「背景を理解した上でやるかやらない**

か」では結果に大きな差が生まれるでしょう。

新NISAはただの流行りものではなく、れっきとした投資です。表層的な情報や注目の集まっている情報だけを鵜呑みにするのではなく、まずは基本を学ぶことが大切。

真剣に向き合うと、現金が余っても、「遊びに行こう」ではなく「投資に回そう」という考え方になるはずです。投資のほうが面白いからです。

ちなみに、私の周りには現金をたくさん持っている人はほぼいません。中には、銀行口座に入っているのは10万円程度という人もいます。かく言う私も、**銀行口座に入っているのは100万円程度。**他はすべて投資に回しています。

「生活防衛資金として、3カ月〜半年分の現金を確保しておくこと」と言う人もいますが、はたしてそんなに必要でしょうか。

子どもの学費など、近い将来イベントが控えているのなら現金で持っておいたほうがいいでしょうが、私は基本的に、どんどん投資に回すべきという考えです。そもそも株式やゴールドは流動性が高く、**いざというときには現金化できます。**

何より、自分の状況を踏まえて自分の頭で考えることが大切です。「何となく不安だから」ではなく、実際に計算して判断する習慣を身につけましょう。

次の章からは、「新NISA2・0」における投資対象である「**人気の投資信託**」「**インド株**」「**テーマ株**」「**ゴールド**」「**タイミング投資用**」について、それぞれ詳しく解説していきます。

第2章

「S＆P500」「オルカン」洗脳を解く

「上がり続ける」と思うのは危険！

近い将来、S&P500は寿命を迎える

前章のおさらいです。

本書で提唱する「新NISA2・0」は、次の5つに分けて投資するという手法でした。

①人気の投資信託（S&P500、オルカン）：25％
②インド株：25％
③テーマ株：25％
④ゴールド：15％

⑤タイミング投資用：10％

本章では、「①人気の投資信託」への配分を25％にする理由を解説します。

まずは話をわかりやすくするために、S&P500をメインにお話ししましょう。S&P500とオルカンのどちらにするのがよいかも、後ほど解説します。

まず、みなさんが真っ先に思ったのは、「S&P500が25％というのはあまりに少ないのでは？」ということではないでしょうか。

たしかに、S&P500はここ数年、非常に好調。S&P500から早速大きな利益を得ている人も多いはずです。

もしかしたら、ここ数年だけでなく、数十年と過去をさかのぼっても、S&P500は右肩上がりで成長し続けていることを理解している人も少なくないかもしれませんね。それも事実です。

そもそもS&P500指数の歴史は、前身であるスタンダード・スタティスティクス・カンパニーの株式インデックスが誕生した1923年から始まっていますから、**100年以上も続いていることになります。**つまりS&P500は、世界恐慌以前から存在しているのです。

1945年に13ポイントだったS&P500指数は、1957年には40ポイントまで上昇し、今では5000ポイント前後になりました。

つまり、**約80年で385倍です。**通貨の価値が下がっていることを差し引いても、とんでもない上昇幅であることは間違いありません。

2024年現在も上昇トレンドにありますし、S&P500に投資するのは、もちろん間違いではありません。

それでもなお、25%という配分を提唱するのは、**S&P500の未来は決して安泰とは言いきれないから**です。私は将来的にはゼロにすべきとさえ考えています。

S&P500の歴史を理解したのなら、**「S&P500の生まれる前」**にも目を向けてみましょう。俯瞰的に見れば、S&P500に危険信号が灯っていることが理解できるはずです。

2040年頃、アメリカは没落し始める

言うまでもなくアメリカは、現代社会における覇権国家です。世界情勢が揺らぐ中、各国の立場はどんどん変わっていきますが、世界一の政治力を持つ国といえばアメリカ以外にありません。

また、ドルが基軸通貨であるのも重要なポイントです。経済力の面でも、アメリカが世界一であるのは間違いないでしょう。

しかし歴史を振り返ると、**一国が覇権を握り続けた例は1つも存在しません。**とすると、アメリカもいずれ覇権を手放すときがくると考えるのは自然なこと。

つまり問題は、「**覇権を失うタイミングがいつなのか**」ということでしょう。

覇権国家の変遷

・オランダ
1575年頃から上昇、1600年代後半がピーク、1780年頃から下降

・イギリス（大英帝国）
1600年以前から台頭していたものの、覇権を握り出したのは軍事力が高まった1700年代、ピークは1800年代半ば、世界大戦中に覇権を失う

・アメリカ
1776年に独立宣言、ピークは1950年代前半

この問いに有効な示唆をくれるのは、世界最大級のヘッジファンドであるブリッジ・ウォーター・アソシエイツの創業者、レイ・ダリオです。

レイ・ダリオは、オランダからイギリス、アメリカへと覇権国家が移り変わった16世紀以降の歴史を分析し、重要な国家の存続期間は約250年、**政治や経済で覇権を握れるのは50〜100年程度**という規則を導き出しました。

アメリカが独立宣言を発したのは1776年です。とすると、レイ・ダリオの示す周期で進んだなら、**アメリカが終焉を迎えるのは「2026年ごろ」**といえます。

一方、経済サイクルの変遷から見ると、別の面も見えてきます。

「通貨価値の下落」は、世界覇権の移行とともに起きます。その背景には、景気サイクルが存在すると考えられますが、この点は歴史を振り返ることで理解できます。

今は「200年サイクル」といえるくらいの大きなフレームの中での変化が起きようとしています。その中で、現在の景気サイクルの位置を考えると、景気や社会現象に周期的な法則があることに気づきます。

景気サイクルの中で最も期間の長いものは、一般的に「コンドラチェフ・サイクル」と呼ばれています。これは、ロシア（旧ソ連）の経済学者であるコンドラチェフによって提唱された、**約50～60年を単位とする経済の長期サイクル**です。

コンドラチェフは主要国の経済動向を調査し、物価、利子、貿易、生産などの指標について**140年間に3つの山がある**ことを発見しました。これらは、通貨、戦争、資源など多くの要因が複雑に関係していると考えられています。

コンドラチェフ・サイクルの第1サイクルは1790年前後を起点とし、1820年前後にピークを迎え、1850年ごろに終了したと考えられます。この時代は産業革命の全盛期で、オランダからイギリスに世界的な覇権が移り始めていたころです。

当時、ブラジルで発見されたゴールドがイギリスに流入し、貨幣需要を支える役目を果たしたとされています。また、1830年代にはイギリスで鉄道株ブームが起きています。

第2サイクルは1875年前後をピークとし、イギリスが覇権国家として絶頂を極めた時代に重なります。

穀物法の廃止で自由貿易経済が始まり、消費が喚起され、各地で住宅バブルが発生。しかし、1873年のバブル崩壊で長期デフレに突入し、第2サイクルは終了しました。

第3サイクルは、当時の新興国であるアメリカの急激な経済成長を背景とした景気サイクルです。

第1次世界大戦でアメリカには莫大な戦争特需が発生。石油の大量生産化や自動車の発明など歴史的な技術革新が進み、1920年代後半には世界的に株価が高騰。アメリカはバブル相場となり、株長者が続出しました。

しかし、1929年に発生したニューヨーク市場の大暴落「暗黒の木曜日」で世界恐慌へ突入。この株価大暴落で、第3サイクルが終了しました。

第4サイクルは、第2次世界大戦前後を起点としています。世界恐慌後、ルーズベルト大統領は大規模な公共事業を実施。アメリカ経済が復活する一方、第2次世界大戦の勃発で、英国は疲弊の一途をたどりました。

世界大戦後はアメリカが覇権を握り、圧倒的な経済力で世界をリードするようになりました。

一方で、日本が勃興。戦後の日本は高度経済成長時代に入り、これまでになかった需要が掘り起こされ、大きく成長しました。

1971年にはアメリカが金本位制の廃止を宣言。これを契機に経済のグローバル化がさらに進展しました。ゴールドとドルの兌換を固定比率（1オンスあたり35ドル）で行うことを一時停止する「ニクソン・ショック」が起きたのです。

ドルはその価値を大きく減価し、それを利用してアメリカは覇権をさらに強固なものにしました。

その一方で、日本は常に円高に悩まされることになります。

このように、それぞれの景気サイクルのピークが約50年ごとに到来しているとすれば、**第1サイクルが1820年ごろ、第2サイクルが1875年ごろ、第3サイクルが1920年ごろ、第4サイクルが1975年ごろ**となります。

そして、現在のサイクルが第5サイクルであるとすれば、それは「情報技術を中心として発展したサイクル」と位置付けられるでしょう。

そのサイクルのピークは、**第4サイクルから50〜60年後の「2025〜2030年ごろ」と位置づけることが可能です。**つまり、第1サイクルの200年後の2020年とおおむね一致することになります。

そして、2025〜2030年ごろは、将来に向けた何かしらの出来事や変化が生じそうです。

こうした経済サイクル以外にも、「基軸通貨が過去どのように移り変わったか」という史実も、アメリカの未来を推測するための有効な手がかりとなります。

基軸通貨の変遷

・ポルトガル：1450〜1530年（80年間）
・スペイン：1530〜1640年（110年間）
・オランダ：1640〜1720年（80年間）
・フランス：1720〜1815年（95年間）
・イギリス：1815〜1920年（105年間）
・アメリカ：1921年〜

各通貨が基軸通貨として通用したのは、最大で110年間です。ドルが基軸通貨となったのは1921年ですから、**110年続いたとしても、2032年まで**ということになります。

アメリカの力は政治面・経済面ともに弱まっている

私が「アメリカがそろそろ覇権を失うかもしれない」と思うのは、歴史的な背景だけが根拠ではありません。

たとえば中東情勢を見ていても、アメリカが以前ほど各国をコントロールできなくなっているのは明らかです。ウクライナ紛争も開始して2年以上になりますが、本書を執筆している2024年5月時点では終わらせられていません。

「アメリカは新技術の躍進により、2017年以降は世界一の産油国となったため、中東にへつらう必要がなくなった」「ウクライナ紛争を終わらせられないのは、アメリカの力が弱まったからではなく、もともとロシアへの評価を誤っていたのだ」など、さまざまな見方ができることも理解しています。

しかし、それらを差し引いても、アメリカの力が以前ほど振るわなくなっているのは明白だと思うのです。

アメリカは、もはや世界の警察ではありません。そもそも、ピークはとうに過ぎています。

政治的なトレンドは、経済にもじわじわと影響を与えていきます。インフレも継続していますし、アメリカは政治・経済ともにどんどん弱体化しているといっても過言ではありません。

米ドルは、裏で操作されてきた

唯一、アメリカの希望となり得るのは、**グローバル企業が多い点**でしょう。

たとえアメリカという国家そのものの力が弱まっても、世界規模で展開している企業が多いので、マクロ視点における経済的ダメージはそれほど大きくないかもしれません。

しかし、米ドルが基軸通貨でなくなるのは、世界に進出するアメリカの企業にとっては不都合に働くだろうと予測されます。

なぜなら、**基軸通貨である今は、裏でいろいろと操作できている**はずだからです。ドル安やドル高など、国内の企業の動向を踏まえて自在にコントロールできているでしょう。

具体例を挙げましょう。その1つが「プラザ合意」です。

これは1985年9月22日、先進5カ国（G5）財務大臣・中央銀行総裁会議により発表された、主に日本の対米貿易黒字の削減の合意です。プラザ合意が行われてから数日間で、急激に円高が進行しました。

ではそもそも、なぜこの合意に至ったかをご存じでしょうか。

1980年代初頭、レーガン大統領の下で実施されたレーガノミクスにおいて、アメリカは前政権から引き継いだ高インフレ対策として、金融引き締め政策を強力に推し進めました。1980年には、米ドル金利が20％にまで上昇し、インフレ率は徐々に沈静化の兆しを見せ始めたのです。

しかし、金融政策の影響で米ドルが急激に上昇したことに加え、日本の着実な生産と輸出の拡大により、アメリカは輸出の減少と輸入の増加に直面し、深刻な貿易赤字が国内で大きな問題として浮上するようになりました。

一方で、アメリカ経済は旺盛な内需に支えられ、1984年には7・2％という高い経済成長率を達成し、好景気を謳歌していました。

つまり1980年代のアメリカは、インフレ問題を解決し、経済的にも好調だったといえます。

ただ、国際舞台での日本の存在感が増すにつれ、アメリカの国際収支は大幅な赤字に陥り、注目を集めるようになりました。さらに、GDP比で2％前後と比較的小さかったアメリカの財政赤字も、重大な問題として扱われるようになったのです。

こうした背景から、いわゆる「貿易と財政の双子の赤字」を問題視する声が高まり、アメリカ政府の対日行動が促され、プラザ合意に至ったわけです。

つまりプラザ合意は、**アメリカの対日貿易赤字の大きな問題の解消のために行われた、実質的な円高ドル安への誘導**だったということ。

合意の発表翌日の9月23日の24時間だけで、ドル円レートは1ドル235円から約20円下落、つまり円高になりました。1年後にはドルの価値はほぼ半減し、150円台で取引されるようになりました。

このように、アメリカは自国の都合で、自国通貨を自国経済に優位に働くように、半ば強引に操作したわけです。

さらに遡れば、そもそもドルが変動相場制に移行したことも、ある種の為替操作であり、自国通貨の操作ともいえます。

1944年から続いた固定相場制度を「ブレトンウッズ体制」といいます。ゴールドと交換できる唯一の通貨が米ドルであり、ドルが基軸通貨としてIMF（国際通貨基金）を支えてきた体制を指します。

しかし、1971年8月15日、アメリカ大統領のリチャード・ニクソンが、連邦政府が保有するゴールドの流失を防ぐため、米ドルとゴールドの交換停止を突如発表し、ブレトンウッズ体制は終焉しました（これを「ニクソン・ショック」と呼びます）。

それを受けて1971年12月15日、通貨の多国間調整（ゴールド1オンス＝35ドル→38ドル、1ドル＝360円→308円にドル切り下げ、円切り上げ）と固定相場制の維持が行われました（これを「スミソニアン体制」と呼びます）。

しかし、この体制は長続きせず、1973年に、先進国は相次いで変動相場制に切り替えたため、世界経済の枠組みは大幅に変化することとなりました。

しかし、ドルのゴールド交換に応じられないほどアメリカのゴールド保有量が減ったことにより、戦後のゴールドとドルを中心とした通貨体制を維持することが困難になったのです。

このような荒業も、自国通貨が基軸通貨だからできたといえます。

このように、**アメリカは歴史的に自国通貨の価値を下げることで世界に米ドルを流通させ、使用させることに成功してきました。**そうやって、自国通貨の価値を維持しようとしてきたわけです。

一方で近年は、高騰するインフレに対し、ドル高政策を志向する姿勢も見せています。2020年の新型コロナウイルス感染症の流行に伴う経済の混乱からの回復過程で、経済は徐々にインフレ気味に推移し始めました。

その背景には、物流システムの混乱があります。供給ルートに支障が起き、コンテナ価格が高騰する一方、コロナ禍で人手不足による港湾業務の停滞が発生するなど、物流システムは大きく混乱し、これがコスト上昇につながったのです。

また、2022年にはロシアがウクライナに侵攻したことで、原油や天然ガス、農産物の輸出や物流に混乱が生じ、これらの価格が高騰するなど、インフレに直接的に影響を与える事象も発生しました。

インフレを鎮静化させるため、アメリカは明らかにそれまでのドル安政策から、ドル高政策に転換したと考えられます。その結果、アメリカのインフレは実際に徐々に沈静化しました。

このような芸当ができるのも、**自国通貨が基軸通貨であるため。**そして、その影響をもろに受けたのが、欧州であり日本です。日本は円安が進行し、2022年には1ドル＝152円台にまで進むなど、円安が日本のインフレ加速につながりました。

日本の通貨当局は、短期間で加速する円安に歯止めをかけようと、円買い介入を実施しようと試みましたが、ほとんど成果を上げることができませんでした。

おそらく、アメリカから「ドル安になるような円売り介入は認めない」とくぎを刺されていたはずです。だからこそ、円買い介入はそれほど効果を発揮しなかったわけです。

要は、**アメリカは自国通貨が基軸通貨であることをいいことに、自国の都合に合わせてその価値を変化させてきたのです。**それがアメリカの繁栄につながったことは、いうまでもありません。

米ドル離れの兆候は、すでに見られています。先陣を切っているのが中国です。保有している米国債を手放し、一方でゴールドを買い進めています。

ゴールドは「誰の負債でもない」とされ、一物一価で自由に換金できるもの。価値が維持されており、現在でも通貨の代替としての価値を保有していると考えられています。

米ドル離れを進めているのは、中国だけではありません。ロシアは米国債をすべて売却し、ゴールドの保有高を拡大。インドも同様にゴールドを買い進めています。そう。米ドル離れの動きはすでに世界各地で始まっているのです。

このような状況で、米ドルが基軸通貨でなくなったら、通貨政策はかなり難しくなるはずです。

ちなみに、ゴールドも2024年に入って過去最高値を更新しています。そして**2000年初頭からの上昇率は、S&P500（配当を含まず）の2倍以上になっています。**ドル離れがいかに進んでいるかがわかるでしょう。

2040年までに世界経済は大きく変わる

通貨政策が効かなくなると、アメリカの企業は方向性を変えるでしょう。ただでさえ今は、AIが登場し過渡期にあります。

アメリカの企業では、インド人をはじめ多くの外国人が働いていますから、どのように転ぶかは簡単に予測できません。海外の企業による買収や吸収合併が進めば、市場は大きく変わらざるを得ないでしょう。

このような背景があっても、投資家の間で「アメリカに投資すべき」という考えが根強いのはなぜでしょう。過去の歴史を知らず、一流投資家の見解をキャッチアップしていない、つまり学びが不足していることの表れではないでしょうか。

一方、ドルに替わるのがどの通貨なのかというと、私もまだ予測できません。どこか一国が世界経済を牛耳りそうな兆しは、まだないからです。

しかしながら、アメリカ、そしてドルを中心に回る世の中が永劫に続くのはあり得ないこと。**アメリカ経済が今の状態を保てるのは、長く見積もっても2040年頃まで**ではないかと私は考えています。つまり、あと15年程度です。

一部でささやかれている「株価の上昇には賞味期限がある」という噂に根拠があるのかはわかりませんが、賞味期限がやってきたときに行動するのでは遅いのです。

2040年までに、大きな潮目となる出来事が起きるでしょう。いざというときに行動が遅れたり判断を誤ったりせぬよう、世界の動きをしっかり注視しなければなりません。

米国株には一定のリズムがある

S&P500は米国株式と密接に連動しているわけですが、もちろん、米国株式もS&P500と同様に、常に右肩上がりだったわけではありません。上がることもあれば下がることもあります。その**リズムがわかれば、もっと賢く運用できる**のではと思いませんか。

それを知るのに有用なのが、米国株の指数をグラフ化したもの（左ページ図）です。同じ指数を行ったり来たりしている期間があるのがわかると思います。

図2　S&P500の強気サイクル

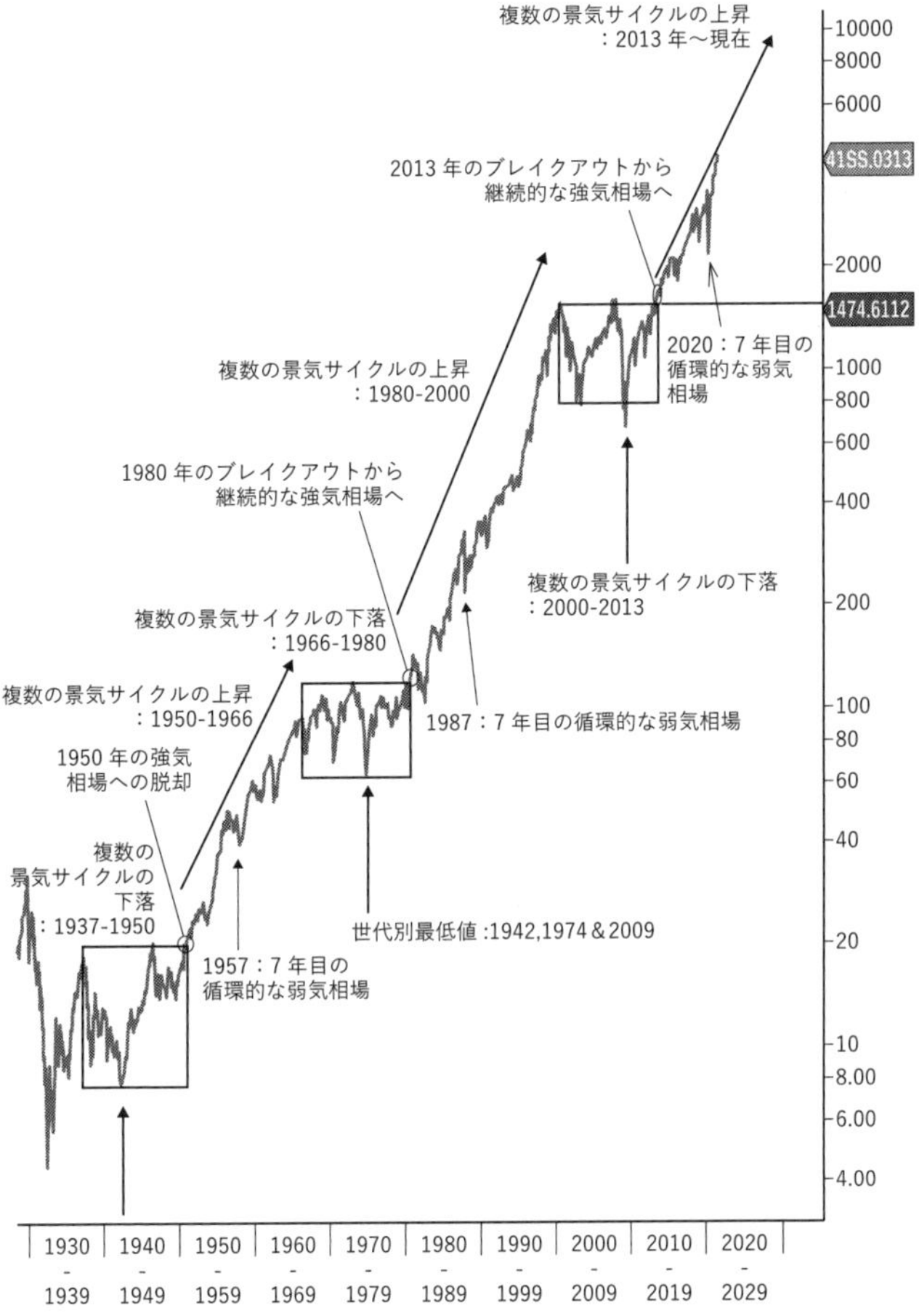
複数の景気サイクルの上昇
：2013 年～現在
2013 年のブレイクアウトから
継続的な強気相場へ
複数の景気サイクルの上昇
：1980-2000
1980 年のブレイクアウトから
継続的な強気相場へ
複数の景気サイクルの下落
：1966-1980
複数の景気サイクルの上昇
：1950-1966
1950 年の強気
相場への脱却
複数の
景気サイクルの
下落
：1937-1950
1957：7 年目の
循環的な弱気相場
世代別最低値 :1942,1974＆2009
1987：7 年目の循環的な弱気相場
複数の景気サイクルの下落
：2000-2013
2020：7 年目の
循環的な弱気
相場
10000
8000
6000
41SS.0313
2000
1474.6112
1000
800
600
400
200
100
80
60
40
20
10
8.00
6.00
4.00
1930-1939
1940-1949
1950-1959
1960-1969
1970-1979
1980-1989
1990-1999
2000-2009
2010-2019
2020-2029

出所：BofAの資料を参考に筆者作成

停滞の時期は、「**ボックス圏（またはレンジ相場）**」といいます。ボックス圏に突入すると膠着状態が続きますが、しばらく経つとボックス圏を抜け、また新たなステージに入ったように上昇傾向へ転換します。

図2を見ると、このボックス圏の出現に、一定のリズムがあるのが読み解けます。

- **ボックス圏：1937〜1950年（13年間）**
- **上昇期：1950〜1966年（16年間）**
- **ボックス圏：1966〜1980年（14年間）**
- **上昇期：1980〜2000年（20年間）**
- **ボックス圏：2000〜2013年（13年間）**
- **上昇期：2013年〜現在**

ちなみに、リーマン・ショックは2008年ですから、3回目のボックス圏の最中に起こったことになります。

それ以外でどのような経済的なダメージがあったか、詳細までは把握しきれていません。しかし、**ボックス圏は13〜14年、上昇期は16年〜20年**と、大きな流れとしては似通った動きをしているのです。

2024年現在は上昇期の真っ只中ですが、上昇期が20年続いたとしても2033年にはボックス圏に突入することになります。

このトレンドがそのまま繰り返されるとしたら、また2046年頃に上昇期へ転じることになりますが、はたしてそううまくいくでしょうか。

ここで思い出してほしいのは、先ほど紹介した覇権国家や景気サイクル、基軸通貨についてです。

この米国株のトレンド分析の起点は、1930年頃です。つまり、アメリカが世界の覇権を握り、ドルが基軸通貨となっていることが前提になっているのです。覇権国家かどうかというのは、株価のトレンドよりも上位レイヤーの事項ですから、おそらく同じ波長を繰り返すことはないでしょう。

2046年頃は、アメリカが覇権を失っている可能性が高いので、新たなトレンドを描くようになるでしょう。

もしかしたら、**ボックス圏を脱すことなく、膠着状態が長期にわたって続くかもしれません。**悪くすれば、下落だってあり得るでしょう。

どちらがいいか考えるのは時間のムダ！

「S&P500」と「オルカン」は大して変わらない

「アメリカの未来が危ういのなら、オルカンに入れればいいのでは？」と思った人もいるかもしれません。

しかし実は、**S&P500とオルカンには大きな差がないのです。**

世の中では、2023年後半から「S&P500とオルカンのどちらがいいか？」という論争が大いに沸いていますが、S&P500 vs. オルカンの論争を追いかけるのは、はっきり言って時間のムダです。

理由はシンプル。**中身があまり変わらないから**です。

オルカンの上位銘柄は、**アップル、マイクロソフト、アルファベット、アマゾン・ドットコム、メタ・プラットフォームズ、エヌビディア、テスラ**と、いわゆる「マグニフィセント・セブン」が占めています。アメリカの主要な企業500社に選りすぐっているS&P500と、ほぼ同じなのです。

中身を見ずに「オールカントリー」という名称から、世界のさまざまな国に分散投資できるイメージで投資していた人は、おそらく寝耳に水でしょう。

「アメリカ以外の国も入っていることに意義がある」と言うかもしれませんが、オルカンにおけるアメリカの比率は62・3%（2023年9月時点）にも及びます。もちろん中身は定期的に入れ替わりますし、比率も頻繁に見直されますが、変動幅は1%未満。ほんの微調整に過ぎません。

加えて、**新興国の比率が低い**点も気になるところです。

ここ数年、先進国のほうが圧倒的に好調で、新興国に賭けた人は儲かっていないといった事情も把握していますが、それでも全体の9割を先進国が占めていては、もはやオールカントリーとは言えないでしょう。

オルカンのリターンを築いているのは、結局のところS&P500と同じなのです。世界全体の成長に期待するのはもちろんいいことだと思いますが、託すべきところは、今人気のオルカンではありません。

アメリカ経済が破綻したらオルカンも致命傷を負う

S&P500とオルカンの中身があまり変わらないということは、つまり両者は同じリスクを抱えているとも言い換えられます。

オルカンもアメリカ経済に大きく左右されることは間違いありません。アメリカが弱まれば、オルカンだって下落するはずです。

アメリカの未来はそう長くないかもしれない——。だからこそ、S&P500、オルカンともにすべてを託すのは危険です。

もちろん、**数年先に照準を定めるのならS&P500一択、オルカン一択、あるいは2つに分配ということでもいいだろう**と思いますが、10年先を見通すと怪しいものがあります。

アメリカには、歴史やリスクを理解した上で注意しながら投資すること。さもなくば、いつかひっくり返るかもしれないことを、肝に銘じてください。

第3章

今が攻めどき！
「インド株」を買おう

政治、経済、そして人口動態を見ても明白！

次なる覇権国家はインド以外にない

毎月、全体の25％をインド株に投じるのは、国としての将来性が高いからです。アメリカが没落した後、覇権を握る可能性が高いのはインドでしょう。私自身、何年も前からインド株に投資を始めており、すでに大きなリターンを得ています。

インドが、**どんどん民主化を進めている**のを知っていますか。

1976年にインド憲法が改正された際、「社会主義」の言葉が追加され、独占禁止法の制定や銀行の国有化など社会主義的な政策が推し進められたので、読者の中にはインドは社会主義国家であると認識している人もいるかもしれません。

しかし、今はむしろ**民主主義国家の側面のほうが大きい**のです。

現首相のナレンドラ・モディ氏は、支持率80％と驚異的な人気ぶり。現在2期目に突入しています。

他国と比べインフラ整備が遅れる中、アジア最大規模の太陽光発電を導入したり、経済の活性化を目指して経済特区を作り外資系企業を誘致したりと、モディ氏は大胆な改革を推し進めているのです。

2024年には総額150億ドルをインフラ事業に充てることを宣言。**2047年までに、低中所得国から先進国に変わることを表明**していますが、まさに順調な進みっぷりといえるでしょう。

また、インドは1947年に独立してから、軍事クーデターが一度も起きていないのもポイントです。

150万人の兵力を有し、国防費には650億ドルを費やしているものの、**軍のコ**

ントロールが確立されているため、内政が安定しているのです。

インド経済は著しい成長を遂げている

インドは、経済面も好調。

世界銀行が発表した2024年の名目GDPは、日本に次いで第5位につけています。モディ政権が発足した2014年時点では、インドの名目GDPは世界第10位でしたから、**10年間で5カ国を抜いた**ことになるのです。

国際通貨基金（IMF）によると、インドの名目GDPは2025年にドイツ、2027年に日本を抜いて世界第3位になるといわれています。

同じく世界銀行が発表した2022年購買力平価GDPでは、インドは中国、アメリカに次ぐ第3位です。

インド経済は、**内需主導であるため貿易の影響を受けにくい**のも強みといえます。２００８年から２００９年にかけて世界が不況に陥ったときも、インド経済は多少影響を受けたもののすぐに復調しました。

内需主導には、輸出によるドラスティックな経済成長を見込めないというデメリットこそありますが、世界情勢における変化の多い今、必要なのはむしろ安定性でしょう。

新興国の中でも、インド経済が強いことは疑う余地がないはずです。

インドの中立外交はそれなりにうまくいっている

経済には、外交政策も影響します。

インドは、独立してから、今なお**非同盟中立の立場を貫いている稀有な国。**40年以上にわたって世界を緊張で包み込んだ米ソ冷戦時代においても、インドはどちらの陣営にも属さず中立を保っていました。

現在、インド政府は戦略的自律性を貫く意思を前面に出し、主要国と全方位外交を続けています。

インドの周辺国への外交政策が中国にとっては不都合であったため、2020年には、中国軍とインド軍による国境紛争が起きたことはありました。

しかし、それ以来インドは周辺国への外交姿勢を友好的なものに変えていて、状況は安定しています。

ネガティブな外交要因は、今のところ見当たりません。

2024年の初頭こそ、ウクライナショックがあり、1年ぶりの低水準となったものの、ロシア原油の輸入量は基本的に増加傾向にあります。

一方、日本やオーストラリアとも通じ、これだけ広く友好関係を築いている国は他にないでしょう。

インドは、グローバル・サウスのリーダーとして、国際的な発言力を強めています。**世界の表舞台に立とうとして、積極的な外交姿勢に転換し始めている**のは明らかでしょう。

中立的な立ち位置をうまく使いつつ、優位なポジションに出るのは今のところ順調のようであり、主要国はもちろん、途上国もインドを重視し始めています。

人口動態の観点で見ても、インドが成長するのは明らか

次なる覇権国家はインドなのではないかと私が考える最大の根拠は、人口動態にあります。

国連によると、インドの人口は2022年時点で14億1700万人。1947年の独立当時は3億5000万人ですから、75年間で3倍強になっています。

さらに2023年には、**インドの人口がすでに中国を抜き、世界最多となった可能**

性が高いと世界的に報じられました。

国連の報告書では、２０５０年にはインドの人口は16億７０００万人になると予測されています。一方の中国は13億４８００万人ですから、差は歴然でしょう。

２０５０年の世界の総人口は97億人と推測されていますから、**世界人口の5～6人に1人がインド人**ということになるのです。

なお、インドの人口のピークは２０５０年代後半だと言われています。その後、減少に転じますが、２１００年頃でも15億人ほどはいるだろうと予測されています。

言わずもがな、人とは国力の源です。有事など特例を除けば、基本的に人口が増えるほど労働人口が増えるので、経済は成長します。

実際、中国では１９９０年代以降、労働力が急増し、工業が急速に発展したでしょう。自動車産業など、より生産性の高い製造業が成長したために賃金も上昇し、経済の好循環が生まれました。

今現在のアメリカ経済も、人が増えているから存続できているのでしょう。アメリカ人としての人口こそ減ってはいますが、移民でカバーされているのです。移民がいなければ、アメリカ経済はここまで成長しなかったでしょう。とすると、今後、アメリカの国策が移民を排除する方向になったら、アメリカ経済はあっという間に急落するだろうとも予測できます。

過去を振り返っても、人口が増えている国は、ほぼ100%といっていいほど経済が発展しています。

経済の発展は企業の成長を意味するので、株価も上がるのです。実際に、**人口が増えた国は株価が上昇しています。**

人口を踏まえて株価の動向を推測することは、セオリーといっても過言ではないでしょう。

2040年代にインドが覇権国家となる可能性が高い

人口が増えて経済力が高まれば、国際的な政治力が上がり覇権を握る可能性が出てきます。

前章で記した通り、覇権国家となるには軍事力も必要なので、やや消去法的な判断にはなりますが、アメリカに代わって覇権国家となるのはインド以外ありません。

基軸通貨の観点で考えると、2040年頃がインドが覇権を握るかどうかのターニングポイントになるだろうと考えています。

ルピーが基軸通貨にならなくても、**BRICS（ブラジル、ロシア、インド、中国、南アフリカ）の共通通貨が基軸通貨となれば、インドに覇権が渡るかもしれません。**

2023年のBRICS首脳会議では、共通通貨は見送りとなりましたが、導入されるのは時間の問題ではないでしょうか。

２００９年にはブラジル・ロシア・インド・中国の４カ国体制だったＢＲＩＣＳは、２０１０年には南アフリカ共和国が加盟して５カ国となり、２０２４年１月にはアルゼンチン・エジプト・エチオピア・イラン・サウジアラビア・アラブ首長国連邦（ＵＡＥ）が加わり11カ国まで拡大しています。

今後、ＢＲＩＣＳの影響力はさらに強まるでしょうから、ＢＲＩＣＳが共通通貨を新しく導入したら、基軸通貨になる可能性は大いにあるはずです。

手を出したら火傷する！

時代は変わった！　中国に未来はない

中国の成長は、まさに驚異的でした。

「中国速度（ルビ・スードウ）」と呼ばれ、世界が１００年近くかけて実現した経済、社会、文化の発展を、中国は１９７８年の改革開放政策以降、たった数十年で成し遂げたのです。

１９７８年までの中国は、アルバニアやタンザニアなど一部の友好国を除き、世界の主要国家とは鎖国状態の独自路線を歩んでいたので、突如として対外解放を断行したときは、驚いた人も多かったことでしょう。

農村の市場経済化を進めると同時に、経済特区（外国の資本や技術の導入を目的とした特別な地域）を設置。鄧小平氏の「余裕のある人から先に豊かになろう」「発展こそ真の道理」という指揮のもと、社会全体が資本主義的な目標を目指して走り始めました。

昨今、一般的な日本人が中国のスピードの速さを最も感じているのは、電化製品や電子機器ではないでしょうか。

その代表格は、何といってもスマートフォンでしょう。

Apple社のiPhoneが誕生したのは2007年。日本のアンドロイドスマホの元祖、NTTドコモのHT-03Aが生まれたのは2009年です。

中国製のスマートフォンの先駆けは2011年のシャオミですが、その後、ファーウェイやOPPOと、アンドロイドを搭載した製品がどんどん登場。国内にとどまらず、国外にも広く普及しています。

中国のメーカーは、新製品をどんどん投入するのです。日本のメーカーは数年単位ではあまり変えませんが、中国のスマホはどんどん新しい製品に取って代わります。

5Gも、中国の国境周辺地域や離島付近まであっという間に拡張。通信面も猛スピードで発展していますし、AIも量子技術も、もはや日本はすでに追い越されている感があります。

しかし、**発展している分野にばかり目を向けてはいけません**。

技術革新こそ今なお続いていますが、中国という国は、もう崩壊しかけているのです。

かつてないスピードで少子高齢化が進む中国

中国国家統計局の発表によると、2022年に中国の人口は61年ぶりに減少したそうです。2023年末には14億967万人、前年比では208万人減となり、**減少幅はさらに拡大**したことになります。

中国の人口減の主たる原因は、少子化です。2023年の総出生者数は902万人で、建国以来、最少人数を記録しました。

合計特殊出生率（1人の女性が一生のうちに産む子どもの推計人数）は、2022年時点で1・09。

日本も少子高齢化が社会課題となっていますが、それでも1・26です。中国の少子化は尋常ではありません。

そもそも、**中国の一人っ子政策は長過ぎた**のです。開始された1979年には必要な国策だったのでしょうけれど、はたして2014年まで続けるべきだったのでしょうか。

２０１５～２０２１年までは、夫婦１組につき子どもは２人までとする二人っ子政策をとりました。

しかし、その翌年に人口動態がピークを迎えることは、簡単に推測できたはずです。中長期的な視点で考えたら、決して得策とはいえないでしょう。

短期的な利点を優先したのは、それだけ鬼気迫っている証拠だろうと思います。


中国は、結婚件数が激減しているのも問題です。

中国の初婚人数は、最も多かった２０１３年は２３８５万９６００組でしたが、以降は減少傾向が止まらず、２０２２年には１０５１万７６００組まで激減しました。

中国の初婚数は、過去9年間で55・9%減ったことになります。


さらに悪いことに、出産意欲も低いのです。

中国のシンクタンクによると、中国人女性が理想とする子どもの数の平均値は１・７～１・９で、世界最低ではないかといわれています。

今後、出生率が回復しそうな兆しはありません。

中国不動産のバブル崩壊は絶望的

おそらく中国は、バブル崩壊後の日本と同じような事態に陥っているのでしょう。

現に、バブル崩壊後に日本の不動産の価格が急落したように、中国は不動産においても重大な課題を抱えています。

中国の不動産開発は、あまりに積極的過ぎました。2000年代の初めは、新しい住宅がまだ必要とされていたでしょう。しかし今現在、**中国の空き家は30億人分**ともいわれています。

当面の経済を優先し、住宅の在庫が需要に追いついても、不動産開発を推し進めたのは明らかな間違いです。

まさに、リーマン・ショック後の日本を見ているようではないでしょうか。

当時の日本も、必要以上に不動産開発を進めていたため、空き家ばかりになりました。開発計画が進んでいても建てられなくなり、さまざまな騒動が勃発したのを昨日今日のことのように記憶している方も少なくないだろうと思います。

また、知っての通り、1990年以降の日本は、「失われた30年」と呼ばれています。銀行や証券会社の倒産が相次ぎ、企業のリストラやコストカットが進みました。金融機関の貸し渋り・貸し剥がしもあり、中小企業は大ダメージを受けました。

失われた30年は、若者へも大きなダメージを与えたと思います。

現代の若者は、「消費行動が慎重だ」「仕事に対する意欲が低い」「すぐに諦める」など散々な言われようですが、それもバブル崩壊後の低迷が長く続いたことが原因なのです。

中国の未来を担う若者も、どのような悪影響を被るかわかりません。

中国経済は回復の見込みなし

中国には、失望感しかありません。実際に中国株は大暴落しており、下落がとどまる兆しはありません。

中国証券監督管理委員会は、株価の下落を止めようと、2024年の初めに空売りの制限を狙い、譲渡制限付き株式の貸し出しを全面的に禁止しました。証券会社に中国株の有望性を説かせるようなこともしているようですが、人工的に操作して株価を上げても無意味でしょう。むしろ投資家は、中国株への不信感を募らせるでしょうから、市場はさらに冷え込むだろうと思います。

少なく見積もっても、**中国は2040年頃までは、暗黒の時代が続くでしょう。**台湾問題も抱えていますし、国際社会での立ち位置も難しいものがあります。

敵対関係にあるはずのインドに、歩み寄るような姿勢まで見せる始末。中国は政治的にも非常に困っているのだと感じます。

中には、安い今のうちに中国株を買っておこうと考える人もいるかもしれませんが、危険ですのでやめてください。下落の止まらないものを買っても、毎日チャートとにらめっこをして不安な気持ちを募らせるのがオチです。時間を無駄にするだけでしょう。

また、**中国株は今後、売却制限がかかる可能性だってあります。**売れなくなったらフリーズするだけなので、お金をドブに捨てるようなものです。

見合ったリターンをもらえるイメージの湧かないものに手を出さないということは、投資における基本中の基本です。

中国株にだけは、絶対に手を出してはいけません。

小さくても構わない。今すぐ始めよ！

インド株の成長率はS&P500以上

話を戻して、インドの株価を実際に見てみましょう。

インド株は2004年以降、右肩上がりの傾向にあります。アメリカと同様、**インドもボックス圏と上昇期を繰り返しています。**

- ボックス圏：1994〜2004年（10年間）
- 上昇期：2004〜2008年（4年間）
- ボックス圏：2008〜2013年（6年間）
- 上昇期：2013年〜現在

図3　インド株の成長率

出所：LSEGより筆者作成

2004年に上昇期に転換したのは、原油価格と関連しているのかもしれません。2004年は、原油価格が高騰して1バレル40ドルを超え、BRICSや後進国が勢いづいた時期でした。

2008年の大暴落は、リーマン・ショックと連動しているのでしょう。

興味深いのは、2013年から上昇期が始まっている点。2013年に上昇期が始まったのは、アメリカも同様です。

2020年はコロナショックで急落しましたが、基本的には上昇が続いており、大筋のトレンドはアメリカと同じでしょう。

前章で、アメリカは2033年以降、ボックス圏に突入するだろうと記しました。

しかし、**インドが同じタイミングでボックス圏に突入する可能性はかなり低い**だろうと考えています。なぜなら、インドは成長途上にあるからです。

インド株の上昇率はアメリカの2倍以上

インドもアメリカも株価はどんどん上がっていますが、インドがアメリカの比でないことは、1994年以降の30年間を比較しても明らかでしょう。

アメリカ
・1994年：約400
・2024年：約4150
・上昇率：約10・4倍

インド
・1994年：約3000

・2024年：約72050
・上昇率：約24・0倍

インド企業のグローバル化は今後さらに活発化するでしょうし、**インドにはこれから多くの資本が流入する**でしょう。資本が入ってきたら、株価はさらに上昇します。オルカンの比率も、インドはまだ2％程度ですので、増える可能性のほうが大きいはずです。

おそらく**現在のインドは、20世紀後半のアメリカのような状態なのではないか**と思います。伸び代があり、人口は増えるので、期待感しかありません。

なお、ここから数十年経つと、インドのボックス圏と上昇期にも一定のリズムが生まれるでしょう。

1982年以降のデータしか取得できず、現段階ではリズムを見出すのは困難ですので、今後も注目したいものです。

「ピクテ-iTrustインド株式」を買え！

私は、2016年頃から「インド株を始めるべき」と説いてきました。2016年の指数は26000ですから、すぐに始めた人は今では約3倍になっているでしょう。

ただ日本では、インドの個別株は今なお買えません。買えるのは、投資信託のみです。

インドの投資信託は、成長株に特化しているタイプ、網羅的に投資するタイプなどさまざまですが、私のおすすめは「ピクテ-iTrustインド株式」です。

「ピクテ-iTrustインド株式」は、中長期的に成長が期待できるインド企業に投資する商品です。ボトムアップによるファンダメンタルズ分析に基づき、安定した成長を期待できる企業の銘柄が厳選されています。

また、業種も金融・情報技術・生活必需品・ヘルスケアといった、今後成長が見込めるセクターが上位を占め、組み入れ上位10銘柄で約7割を占めています。このように、インドの優良企業が占めていることがわかります。

「ピクテ－iTrustインド株式」のおすすめポイントは、商品が生まれて5年以上経っている点。それなりに実績があるので、新しい商品に手を出すのが不安な人にはぴったりでしょう。

新NISAの対象ですし、**買い付け方法は金額・口数・積立の3種から選べます。**

上場投資信託（ETF）を利用してインドに投資する方法もあります。おすすめはウィズダムツリー インド株収益ファンド（EPI）です。ETFですので、新NISAの対象です。

インドの優良企業に投資しており、直近5年のパフォーマンスも90％を超えるなど、成績も良好ですので、おすすめです。私もインド投資にこのETFを利用しています。

インド株を始めたらインド政治に注目せよ！

インド経済が崩れるとしたら政治が理由

インド経済が傾くとしたら、政治がキーになるのではないかと考えています。

インド経済は、アメリカ経済の衰退とともに崩れるのではないかと思う人もいるかもしれませんが、**アメリカ経済の衰退は、むしろインド経済にはプラスに作用する**だろうと思います。

アメリカの企業で働いているインド人エンジニアらは、アメリカが傾いたらインドに帰るでしょう。そうすると、グローバルな大企業がインドでどんどん生まれるはずです。

人口規模から考えても、インドでグローバル企業が増えれば、アメリカを抜くのはあっという間でしょう。

しかし、**内政、外交ともに、万一、体制が激変したら、グローバル投資家はインドへの投資を控える**はずです。

インドの政治はここ数年、安定しているとはいえ、完全なる民主主義国家とは言い難い側面もありますので、政治にまつわる一般情報だけは日常的に仕入れてください。政治に動きがあったら、経済にまで影響を及ぼすか推測するのです。政治が経済をひっくり返しそうなときは、利益確定含め適宜対処しましょう。

カースト制に基づく差別意識は緩和傾向にある

カースト制が、インド経済の発展にブレーキをかけるのではと考える人もいるかもしれません。しかし、カーストは今に始まったことではないでしょう。紀元前から存在し、1959年に憲法で廃止された後も、実生活では残っているといいます。それでもインド経済はこれまでずっと、成長し続けているのです。

そもそも現在のインドは、特に**若者はそこまでカーストを気にしなくなっている**と聞きます。高等教育を受けている人を中心に差別意識が薄らいできているようですし、英語が広く使われだしているのも、カーストを気にしなくなっている一因といえるでしょう。

もともとカーストごとに就ける職業が限られていて、インド人には職業選択の自由がありませんでしたが、**IT産業はカーストに存在していない分野であったため、カーストと無関係**なのです。

そのため、IT産業の拡大とともに、自らの努力と能力で未来を切り拓きやすくなっています。

とはいっても、ＩＴ産業の有名企業の創業者はほとんどが高カーストですし、年配者の中にはカーストの意識が今なお根強く残っているでしょう。

ですから、課題がないわけではありません。

しかし、事態は改善傾向にありますし、インド経済には追い風となるだろうと思います。

第4章

大きく稼げる！「テーマ株」を狙う

投資の腕とセンスが磨かれる

初心者でもOK！テーマ株に25％を託そう

テーマ投資とは、特定の企業に焦点を当てるのではなく、長期的に利益を上げそうなトレンドに重点を置く投資戦略です。

話題の企業群や業種、または業界をひとまとまりとして考える手法で、プロも普通にテーマ株へと投資しています。テーマは、時としてセクターとも呼ばれますが、基本的には同義です。

未経験の方は特に、「話題の企業や業種を見つけるのが大変そう」と思うかもしれません。確かにゼロから情報収拾して探すとなると、膨大な時間と労力を要するでしょう。

しかし、**テーマは意外と身近なところに転がっています。**

たとえば、「国」もテーマの1つ。「BRICS」もテーマになります。業種のくくりでよく使われるのは「AI」や「エネルギー」「消費財」あたりでしょう。

朝、新聞やテレビでニュースをキャッチアップしている中でも、これらに関する報道はよく見かけるはずです。ニュースで取り上げられるということは、ある程度、世の中的に注目されている証し。

そこまで構えずとも、ニュースを起点に想像を膨らませるだけで、筋が良さそうなテーマが何かはおのずと感じられるはずです。

これまでインデックス投資1本だった人は、**関心を持ってニュースに向き合うことから始めるといい**でしょう。

人工的に作られたテーマには注意が必要

テーマ投資も通常の投資と同じく、将来性を感じるものに投じるのが基本です。しかし、中には**将来性があるように見せているだけ**の、人工的なテーマがあるので要注意。人工的に作られたものには、何かしら意図が含まれていることがあるからです。

テーマ株をこれから始める初心者は、特に気をつけなければなりません。

環境・社会・ガバナンスをまとめた「ESG投資」は、テーマ投資における失敗例の最たるものでしょう。

もともとESG投資には、2006年に国連責任投資原則（PRI）が提唱し、海外の大手機関投資家が採用しだしたものの、日本ではそこまで盛り上がらなかったという経緯があります。

日本でESG投資が活発になったのは2014年のこと。日本企業の価値の回復が急務となり、第二次安倍内閣による日本再興戦略の1つとしてESGの概念が説かれたのをきっかけに、徐々に広まりました。

しかし、**政治的に沸くだけでは長続きしません。**ESGは、日本では政治的に盛り上げられたに過ぎず、社会の中から自然と生まれたわけではないのです。

結果、語られることが徐々に少なくなり、昨今では「ESGは消える」という声さえある始末。

そもそも、環境・社会・ガバナンスはそれぞれ別物なのです。一見すると、関連していそうな雰囲気がありますが、それぞれ独立したものなので、同じ動きをするはずがありません。

今では、世界的にも真偽を疑われ始めています。

また、証券会社や投資信託会社が作っている独自のテーマにも注意しなければなりません。

売りたいから、つまり**自社の利益を大きくできそうだから売っている**、それ以上でもそれ以下でもないことが多いのです。

だからこそ、景気がよくないときにも、異業種の企業をさまざま詰め込んだだけの独自の商品がどんどん登場しました。

これならいけるといわんばかりに、ハイテクやロボット関連を組み合わせたオリジナル商品が、盛んにＰＲされていたのを覚えている人もいるでしょう。しかし、調子の良い企業だけを選りすぐっているように見えても、しょせんは無関係の銘柄を集めただけの商品です。成功するはずがありません。

手を出してしまった人は、今では「投資する先を間違った」と後悔しているはずです。

もちろん、証券会社や投資信託会社が作る独自のテーマがすべてダメとは言いません。**自然発生的なテーマに基づいて作られているのであれば、基本的には問題ない**と思います。

少し前に流行ったエネルギーも好調でしたし、ＡＩや半導体も時代が生んだテーマです。

しかし、多かれ少なかれ、どの商品にもビジネス上の意図があります。

証券会社や投資信託会社が自分より知識も経験も上だと思うと、妄信したくなる気持ちもわかりますが、自分の目で中身を確認し、きちんと判断する癖をつけましょう。

慣れてくると上がるか下がるかが見えてくる

今すぐできる！テーマを分析する方法

あまたあるテーマ株の中から、将来性を感じるものを選りすぐるとき、私が最も注目しているのは次の計11テーマです。

一般消費財・生活必需品・エネルギー・金融・ヘルスケア・工業（資本財）・素材・テクノロジー・消費サービス・公益・不動産

実はこれらは、**S&P500に含まれているテーマ**です。自分の勘を頼りに、闇雲にテーマを探すよりよっぽどいいでしょう。

11テーマそれぞれ、パフォーマンスがどうだったかを調べ、年単位での動向を見ると、次にどのテーマが上がりそうか少しずつわかってきます。もちろん、世の中の雰囲気も重視しますが、世の中の雰囲気が11テーマのパフォーマンスに表れているとも言い換えられるのです。

図4は、私が作成したテーマ別のパフォーマンスランキングです。どのテーマも、上下を繰り返しているのがわかるでしょう。ずっと上位ということはありませんし、同じくずっと下位ということもありません。

上下するサイクルに正確な規則性を見出すことはできませんが、およそ**2年周期で上がったり下がったりを繰り返している**ような感じがするでしょう。

私は「2021年はエネルギーが上がる」と言っていましたが、その根拠はまさにこのデータでした。
4年間も下位層が続いていますし、何より原油価格が上がってきているのを知っていたからこそ予測できたのです。コロナショック後の跳ね返りもあるだろうと推測していました。結果、最下位だったエネルギーは2021年にトップへ跳ね上がったのです。

2023年の初頭には、「今年はテクノロジーが来る」と予測しましたが、これも的中。

テレビをはじめ各メディアでは「2023年は、テクノロジーは上がらない」と話している人ばかりでしたが、このランキングを見ると、どうにもそうは思えないのです。2021~2022年にかけて下がり続けていますし、次は上がるとしか考えられませんでした。
実際、2023年は通信情報や情報サービスが上がり、テクノロジーの年となりま

図4　S&P500の主要セクターのパフォーマンスランキング

	一般消費財	生活必需品	エネルギー	金融	ヘルスケア	工業	素材	テクノロジー	消費サービス	公益	不動産
2023	3	9	10	6	8	4	5	1	2	11	7
2022	10	3	1	6	4	5	7	8	11	2	9
2021	5	10	1	4	7	8	6	3	9	11	2
2020	2	7	11	9	5	6	4	1	3	8	10
2019	4	6	10	3	9	5	8	1	2	7	
2018	3	5	9	6	1	7	8	4		2	
2017	4	7	9	5	6	3	2	1		8	
2016	7	8	1	2	9	3	4	5		6	
2015	1	3	9	5	2	6	8	4		7	
2014	7	5	9	4	2	6	8	3		1	
2013	1	7	5	4	2	3	8	6		9	
2012	2	7	8	1	3	5	6	4		9	
2011	4	2	5	9	3	7	8	6		1	
2010	1	6	3	5	8	2	4	7		9	
2009	3	8	4	7	6	5	2	1		9	
2008	4	1	5	9	2	6	8	7		3	
2007	8	6	1	9	7	5	2	4		3	
2006	1	6	3	4	9	7	5	8		2	
2005	9	7	1	4	3	6	5	8		2	
2004	4	7	1	6	9	3	5	8		2	
2003	2	9	6	5	8	4	3	1		7	
2002	5	6	4	3	1	7	2	9		8	
2001	1	5	8	4	3	6	2	9		7	
2000	7	2	3	1	6	5	8	9		4	
1999	4	9	6	7	5	3	2	1		8	

出所：筆者作成

した。

テーマ別の分析をする際は、テーマごとにシクリカル（景気循環）とディフェンシブのどちらの傾向があるかも理解しましょう。

基本的に株はシクリカルのものが多く、景気が良ければ上がり、不景気のときは下がる傾向にあります。

しかし、**公益とヘルスケア、生活必需品などのセクターはディフェンシブの特性があり、不況のときに買われやすい**のです。実際、公益は2022年だけポッと2位まで浮上しているでしょう。気づいた人もいると思いますが、2022年は世界的に経済不況に陥り、株価が下落した時期。不況だからこそ買われたと考えられるのです。

2024～2025年はAI株に投資せよ

２０２４年は、少なくとも本書を執筆している時点では好調なのはテクノロジーです。牽引しているのは、やはりＡＩ株。

ＡＩ株の終焉が近いという声もありますが、世間に行き渡らない限りＡＩ株は終わらないだろうと私は考えています。OpenAIのChatGPTも急速に拡大していますが、まだ始まったばかりといった雰囲気です。

新しい技術が出て、ＡＩ以上に世間の興味関心を引くようなことがあれば不調に転じるかもしれませんが、**今のところしばらくは、ＡＩの好調は続くでしょう。**

ではＡＩ株の個別銘柄をどんどこ買えばいいかというと、そうではありません。上級者やプロは別ですが、まだ銘柄の見極めが十分でないようなら、投資信託を選ぶのが無難です。

しかし残念ながら、ＡＩに特化した投資信託はあるものの、今現在どれも新ＮＩＳＡの対象ではありません。そこで本書では、**ＡＩを含むテクノロジー系を中心に投資**

できるＮＡＳＤＡＱ（ナスダック）１００を薦めます。

ＮＡＳＤＡＱ１００は、ＮＡＳＤＡＱに上場する全銘柄から金融セクターを除外し、時価総額上位１００銘柄に限定した株価指数です。そのほとんどが、革新的な製品やサービスを提供する世界有数のテクノロジー企業。**ＡＩに特化した企業が数多く含まれている**ので、ＡＩやテクノロジーのテーマ株として投資するのに最適です。

テクノロジーには広範囲の業界が含まれるので、投資信託の場合、商品によっては儲かっていない会社が入っている可能性がありますが、ＮＡＳＤＡＱ１００であれば問題ありません。

テクノロジー狙いならＧＡＦＡＭを買うのもあり

もし他のテクノロジー株にもチャレンジしたいなら、ＧＡＦＡＭ（Google・Amazon・Facebook［現Meta Platforms, Inc］・Apple・Microsoft）から選ぶのがいいでしょう。

誰もが知る超有名企業なので、「今さら買っても、高過ぎて伸びないのでは」「みんなが手を出した後では意味がない」と思う人もいるかもしれませんが、何にも代えがたい安心感というメリットがあります。

逆に、無名の企業に手を出す勇気があるのでしょうか。よくわからない企業や銘柄の分析を延々としても、結局のところ無名なのは注目されていないから。注目されないのは商品が魅力的ではないからという発想に陥り、不安を拭いきれないでしょう。

有名な企業は、私たちの身近な場所でサービスや製品を展開しているのもポイントです。親近感を持てると市場を捉えやすくなり、よりポジティブな気持ちで投資に向き合えるようになります。

個別株を買う場合は、**月ごとに買う銘柄を変えるのもあり**です。そもそも、何を買うかよりも、どれかを買うかと考えることに意味があります。

テクノロジーだと、宇宙やエコ、バイオなども将来性があるとは思いますが、私が見たところ賭けて大丈夫と思える商品はまだありません。

宇宙やエコ、バイオ関連の商品はあるものの、取り扱っている会社の知名度が低く不安が残ります。手を出してよくなるのは、もう少し先でしょう。

eMAXIS社の「eMAXIS Neo 遺伝子工学」や「eMAXIS Neo 自動運転」などもありますが、投資信託としてのパフォーマンスはそこまで高くありません。今後良くなる可能性はありますが、現時点での市況感からすると、遺伝子工学や自動運転が今の段階では伸びる感じがしません。

現時点ではＡＩのほうが、見込みがあると思います。

テクノロジーに関連する投資信託で、より効率的に資産を増やそうと考える場合には、情報技術セクターのＥＴＦ（ＸＬＫ）を購入する方法もあります。

新ＮＩＳＡでの運用にこだわらず、リスクも取りながらリターンを目指したい場合には、テクノロジー・セレクト・セクター指数の３００％のパフォーマンスに連動する投資成果を目指す「Direxionデイリーテック株ブル３倍ＥＴＦ（ＴＥＣＬ）」も面白いと思います。

さらに、半導体株への投資でリスクを取ってリターンを目指す場合には、フィラデルフィア半導体株指数（ＳＯＸ）の３００％のパフォーマンスに連動する投資成果を目指す「Direxionデイリー半導体株ブル３倍ＥＴＦ（ＳＯＸＬ）」も投資対象に入ってくるでしょう。

私自身、２０２３年はハイテク株が上昇すると判断していたため、これらの「３倍型」のＥＴＦに積極的に投資し、大きなリターンを上げることに成功しました。

他10テーマのおすすめ投資先を厳選！

テクノロジー以外のテーマも、基本的にまずは投信信託を探しましょう。良さそうな個別銘柄があれば、同時に検討するのがおすすめです。

ただし、ハイテク株のような爆発力はあまり期待できないことを、あらかじめ理解しておきましょう。

一般消費財のおすすめ

・Consumer Discretionary Select Sector SPDR Fund（ＸＬＹ）
S＆Ｐ一般消費財・セレクト・セクター・インデックスのパフォーマンスに連動する投資成果を目指します。

生活必需品のおすすめ

・Consumer Staples Select Sector SPDR Fund（XLP）
S&P生活必需品・セレクト・セクター・インデックスのパフォーマンスに連動する投資成果を目指します。

エネルギーのおすすめ

・Energy Select Sector SPDR Fund（XLE）
S&Pエネルギー・セレクト・セクター・インデックスのパフォーマンスに連動する投資成果を目指します。

金融のおすすめ

・Financial Select Sector SPDR Fund（XLF）
S&P金融・セレクト・セクター・インデックスのパフォーマンスに連動する

投資成果を目指します。

ヘルスケアのおすすめ

・Health Care Select Sector SPDR Fund（XLV）

S&Pヘルスケア・セレクト・セクター・インデックスのパフォーマンスに連動する投資成果を目指します。

工業のおすすめ

・Industrial Select Sector SPDR Fund（XLI）

S&P工業・セレクト・セクター・インデックスのパフォーマンスに連動する投資成果を目指します。

素材のおすすめ

・Materials Select Sector SPDR Fund（XLB）

S&Pマテリアルズ・セレクト・セクター・インデックスのパフォーマンスに連動する投資成果を目指します。

コミュニケーションサービスのおすすめ

・Communication Services Select Sector SPDR Fund（XLC）

S&Pコミュニケーション・サービス・セレクト・セクターインデックスパフォーマンスに連動する投資成果を目指します。

公益のおすすめ

・Utilities Select Sector SPDR Fund（XLU）

S&P公益・セレクト・セクター・インデックスのパフォーマンスに連動する投資成果を目指します。

不動産のおすすめ

・Real Estate Select Sector SPDR Fund（XLRE）

S&P不動産セレクト・セクター・インデックスのパフォーマンスに連動する投資成果を目指します。

いろいろ見ていると迷ってしまい、気になる商品すべてに少しずつ充てようと考えるかもしれませんが、**投資先を増やし過ぎてはいけません。** 投資先が増えると情報収集の大変さが増しますし、管理する際も混乱しやすくなります。

マニアックにさまざまなテーマ株を売り買いするのは上級者になってからと心得て、最初のうちはせいぜい**1つから3つ以内**に抑えましょう。

迷うくらいなら、今であればNASDAQ100に連動するETFを購入するだけでも十分です。しかし、ハイテク株はリスクがあると感じるのであれば、バンガードも米国高配当株ETF（VYM）に投資し、安全に運用した方がよいでしょう。

ランキングは毎年大きく入れ替わる！

テーマ株は「年1回」買い換えよう

テーマ株の動向チェックは、1年ごとで問題ありません。年の途中でトレンドが大きく変わることは、まれだからです。

基本的には、**年初にその年の展望を予測しましょう。**ただし、1月の相場はとても重要。最低でも1カ月間は、大きな変化がないか注視するのがおすすめです。

逆に言うと、どのテーマ株に投資するかは毎年検討しなおさねばならないということです。1年以上、放置するのはいけません。

ただ、テーマ株のトレンド予測は容易ではないのです。一朝一夕ではもちろん不可能です。

私自身、毎年年初の3日ないし4日に市場分析と投資戦略を解説する動画を配信していますが、2023年分の解説時間は約4時間、資料は500ページ以上になります。その用意に、どれだけの労力と時間を割いているか想像できますか。

資料にはさまざまなデータを載せていますが、実際にチェックしているデータはその2~3倍の量。そのほとんどが、有料データです。もちろん分析のパターン数だって、解説している何倍にも及びます。

みなさんも、人並み以上の成果を求めているでしょう。小手先のノウハウで、たやすく儲けられる方法がないのはわかっているはずです。

私が言っているのは、毎日何時間も張り付くような類のものではなく、**年に一度きりの勉強法**なのです。年末年始休暇を活用するなどして、しっかり時間をとり、深く向き合ってください。きっと対価を得られるはずです。

テーマ株の動向をチェックする際は、市場の雰囲気にも着目しましょう。

市場で最も話題になっているのはどのテーマか、大手証券会社や投信会社ではどのようなテーマを売り出そうとしているかなどです。

杓子定規で予測できるような世界ではありません。鮮度の高い情報を、なるべく多く集めましょう。

最初は、他人に学ぶのもいいと思います。

自分一人でやっていては、本当に正しい見方をできているか判断がつかないでしょうし、他人の真似をするほうが知識もノウハウも早く蓄積できます。

もちろん、私のことも活用してください。年初の解説動画をメンバーシップ向けに配信するようになって3年経ちますが、過去2回はピタリと当たりました。3年目の2024年も今のところ、ほぼ完ぺきといえるほど想定通りに推移しています。

私の知識と見解がみなさんの役に立つなら、私自身、とても嬉しく思います。

分析をして新しい年にどのテーマ株に賭けるかを決めたら、同時に**それまで積み立ててきたテーマ株を手放すかどうかも判断しましょう。**

平均以上のリターンを期待するなら、今まで持っていたテーマ株は売るのが基本。ただし、もう1年同じ傾向が続きそうなら、売却せずに持ち続けるという手もあります。

「とりあえず売る」のはおすすめできません。

「売ってから考えよう」と思って売却しても、同じテーマに投資し続けることになったら、売買手数料をドブに捨てるようなもの。最初は戸惑うかもしれませんが、心を決めなければいけません。

テーマ株への投資は、それなりに手間がかかります。しかし、きちんとやりさえすれば、S&P500よりも高いリターンを期待できるでしょう。

投資マネーの流れを見ると分析の精度が上がる

テーマ別のパフォーマンスランキングを読み込んでもなお余力があるときは、資金の流入推移を合わせて確認するといいでしょう。

お金の流れは、私は毎週チェックするほど重要な指標だと考えています。

投資マネーとは、株に流したお金の量のこと。**株価が上がるのは投資された結果ですが、資金の流入はその要因**なのです。

資金が潤沢に流入しているものを買わなければ、リターンは期待できないとも言い換えられます。

図5は、海外のウェブサイトが発表している資金の流れのデータを、私のほうでわかりやすくアレンジしたものです。

図５　テーマ別資金の増減

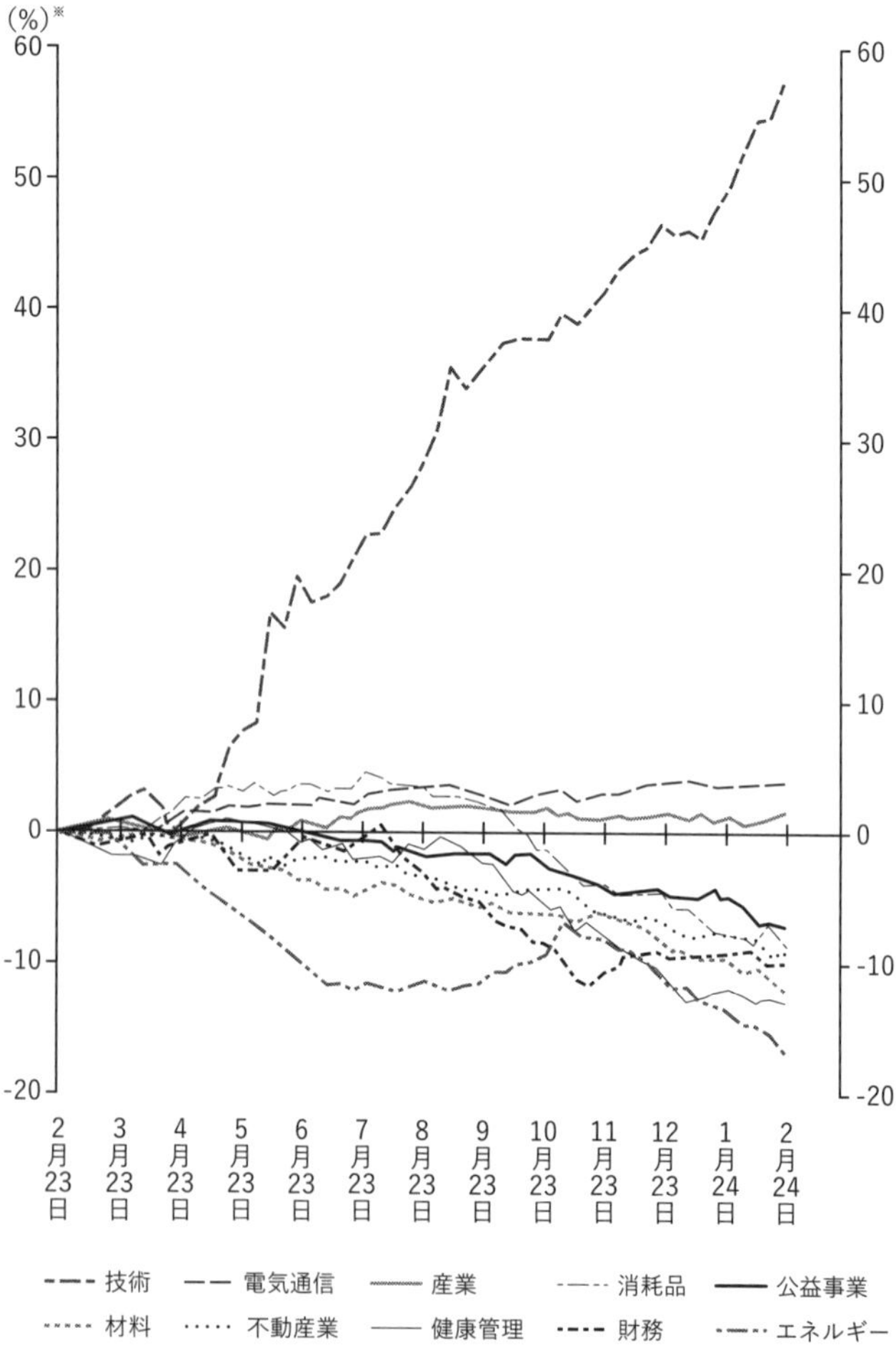

※2023年2月23日を0として増加率(%)で計算

出所：筆者作成

図5は、2023年の2月を起点に資金の流入の増減を示したものですが、株価よりもよっぽどわかりやすくはありませんか。

たとえば、テクノロジーへ圧倒的に多くのお金が入ってきているのは一目瞭然でしょう。一方、金融やエネルギーのお金は、どんどん流出するばかりです。これでは株価はどう考えても上昇しません。

残念ながら日本では、資金の流入に着目している人を見かけたことがありません。持論を語る人はたくさんいますが、分析対象は株価のチャートや板ばかりです。

もちろん私も、テクニカル指標はチェックします。しかし、**大局を把握するには、資金の流入指数データのほうが有用**だろうと思います。

神は細部に宿るといいます。中には、株価のチャートと似ているように感じる人もいるかもしれませんが、勝負はどれだけ精緻に状況を理解するかで決まるのです。

2025年は大変動の予感しかない

2024年11月5日には、アメリカ大統領選が控えています。今回の大統領選は混迷を極めるだろうとささやかれていますし、何がどう転んでもおかしくはありません。マーケットは大きく変わり、テーマ株のトレンドに影響が及ぶことも想定しておくべきでしょう。

もしかしたら、2024年の後半ではテクノロジーだって下がるかもしれません。もちろん、2年連続で1位になる可能性もゼロではありませんが、**ヘルスケアも上がりつつあります**し、いつどう変動してもおかしくはないのです。

また、有事ともなれば全体的に下がるので、たとえ1位であっても利益が出ないこともあります。最終的には、市場感や世の中の雰囲気を踏まえて判断してください。

第5章

攻めにも守りにも転じる「ゴールド」は今が旬

25年までに1オンス3000ドルになる可能性も！

ゴールドの急騰が止まらない！今が買いどき

新NISA関連の情報で話題になるのは投資信託ばかりなので、「なぜ、ゴールド？」と驚いた読者も少なくないでしょう。しかし**ゴールドは今、投資の世界で最も注目されているコモディティ。**

その理由は、何といっても急騰が止まらないからです。

ゴールドの急騰の背景を解説する前に、まずはゴールドの歴史を簡単に振り返りましょう。

ゴールドが通貨の機能を持ち始めたのは紀元前のこと

ゴールドの歴史は、実はとても長いことをご存じでしょうか。

現在はリングやネックレスなどのゴールドジュエリーとして使われるのが一般的。しかし、貨幣やインゴット（バー・延べ棒）といったかたちで、資産としても利用されているのです。

金が通貨として使われたのは、紀元前の頃から。金本位制度の拡大とともに世界中で通貨としての価値を持つようになったのです。「お金」という言葉にも「金」が使われているように、ゴールドは日本でも長い間、通貨として使われていました。

ゴールドがここまで価値の高いものとして認識されているのは、ゴールドそのものの特性、つまり輝きと関連しています。

ゴールドが黄金色に輝くのは、**光の中の青だけを吸収し、他の色を反射する**特性があるため。その独特の輝きこそが、人々を魅了し、ゴールドそのものの価値を上げてきました。

ちなみに金は英語ではゴールドと呼ばれますが、**ゴールドという言葉の由来はサンスクリット語の「輝く」**です。

1971年のニクソン・ショック、つまりゴールドとドルの兌換の停止をきっかけに金本位制度は廃止へ向かうことになりました。しかし、それでも今なおゴールドの価値は、経済成長と同様に基本的には右肩上がりを続けています。

ゴールドを取り巻く環境はここ数年でガラリと変化

ゴールドが急騰を始めたのは、2010年ごろ。特に2015年以降の上がり方は異常と言ってもいいほどです。

きっかけはやはり、ユーロ貨幣の登場でしょう。ユーロの流通が始まったのは2002年です。以降、ヨーロッパを中心にゴールドの売りが進みました。

ヨーロッパが売ったゴールドを買ったのは新興国でした。第2章でも記した通り、中国、インド、ロシアによるゴールドの現物買いは今なお続いています。

中国、インド、ロシアは、買ったものを売らないのが基本姿勢。よって、市場からゴールドがどんどん吸い上げられて、価格の高騰につながっているのです。

2004年に、ニューヨーク証券取引所でゴールドのETFが上場したのも大きな理由といえるでしょう。東京証券取引所でも、2008年に上場されています。

個人の投資家が手を出しやすくなり、ゴールドの買いが進んだことは優に想像できますね。

ちなみに投資信託は、上がっているものを買うのがスタンダードです。中国、インド、ロシアによって吸い上げられているときだからこそ、投資信託業者はどんどんゴールドを買い進め、価格高騰に拍車がかかっているのでしょう。

ただ、何とも理由が明確になりきらないのが、2020年以降の上がり方。ゴールドは、**ETFも先物も買われていないのに、なぜか価格だけが上がっている**のです。どう考えても、**現物の買いが進んでいる**としか思えません。株価の上昇を牽引するほどですから、よっぽど強い買い手がいるのでしょう。

暗号資産やBRICS通貨との関連も考えられますが、「今はゴールドそのものを買うべき」という強い意志を持った、太い主体が存在しているのだろうと思います。

新NISAが適用される！　買うべき銘柄はこれだ

では、具体的に何を買うべきか、ズバリおすすめを紹介しましょう。

ゴールドを買うなら代表的なゴールドETFの「**iシェアーズ・ゴールド・トラス**

ト（IAU）」一択です。

ＩＡＵは発行した株式と引き換えに、譲渡されたゴールドを保有することを目的とするＥＴＦです。わかりやすく言えば、株価はゴールドの現物価格に連動して動きます。したがって、ＩＡＵを購入することで、ゴールドを証券（株式）の形で保有することが可能になります。ちなみに、私はＩＡＵを買い続けています。

証券の形式でゴールドが保有できるのは、投資家にとって大きなメリットがあります。他の株式やＥＴＦなどと同じように管理できますし、ゴールドの現物（地金やコイン）を金庫などに保管する必要もありません。

ゴールドＥＴＦは現物ではありませんので、厳密にはゴールドそのものではありませんが、私たちが行うのは運用です。ゴールド価格の変動を利用してリターンを得ることを考えれば、ゴールド投資はＥＴＦで十分なのです。ゴールドに投資するのが初めての人でも、安心して続けやすいと思います。

IAU以外のゴールドETFでは、「SPDR　ゴールド・シェア（GLD）」でも構いません。基本的にIAUと同じで、ゴールド価格に連動して変動します。GLDは世界的にも有名であり、純資産増額はむしろGLDのほうが大きいです。

日本国内の証券取引所にもゴールドETFは上場されています。SPDRゴールド・シェア（1326）、NEXT FUNDS金価格連動型上場投信（1328）、純金上場信託（現物国内保管型）（1540）などもあります。どちらでも基本的に大きな違いはありません。とにかく、保有しておくことが重要です。

なお、つみたて投資枠では購入できませんので、成長投資枠で購入することになる点に注意してください。

ところで、ゴールドは海外市場では米ドル建てで値付けされています。したがって、ゴールドETFを取引する際には為替レートのリスクが必ず付きまといます。

購入したあとに円安になれば、その分だけ保有しているゴールドETFの価値が上がります。ただし、そのときにドル建てのゴールド価格が下落している可能性があり、相殺されてゴールドＥＴＦの価格があまり上昇しないということがあります。

逆に、購入した後に円高になった場合、その分だけ保有しているゴールドＥＴＦの価値が下落します。ただし、その場合には、ドル建てゴールド価格が上昇している可能性がありますので、ゴールドＥＴＦの価格はむしろ上昇していることもあります。

その時々の市場環境で異なりますので、ゴールド投資に慣れてきたら、ぜひ市場動向も確認するようにしたいところです。

15%を毎月コツコツ積み立てるべし

今だけじゃない！ゴールドは10～20年後に必ず化ける

ゴールドは、これまではどちらかというと富裕層にとっての投資対象という雰囲気がありました。しかし昨今の高騰ぶりは今後ますます注目されるでしょうから、一般的な個人投資家もどんどん挑戦しだすはずです。

何度も記している通り、ゴールドのおすすめ配分は15%です。

現に、ゴールド産業の国際調査機関「ワールド・ゴールド・カウンシル」も、株式に投資しつつ、ポートフォリオ全体でのゴールドの配分は10%が適切であるとの見解を公開しています。

市況感からすると**今は、ゴールドを積極的に取り入れるべきとき。**とは言っても過去に例のない状況ということもあり、15％がベストバランスという結論に達しました。

株式と反比例するのが通例！不況のときこそゴールド本来の強さが発揮される

ここ数年は異例中の異例ですが、ゴールドは本来、不況のときこそ上がりやすい資産です。そのため、「守りの資産」とも呼ばれています。

最も大きな理由は、ゴールドは世界中のあらゆるところで通用し、かつ、**それ自身に価値がある実物資産だから**です。

考えてみてください。好景気であれば成長企業に投資したくなるでしょう。つまり、ゴールドが売られ株価が上がるわけです。

一方、不景気のとき、そして有事ともなれば、株価は下落し株式のリスクが高まります。**ゴールドには破綻のリスクがない**ので、株を売ってゴールドに換える動きが生まれるのは必然でしょう。

現にリーマン・ショックのときも、ゴールドは翌月には底を突いて反発しました。もちろん、有事となるとまずは現金が欲しくなるものですが、ゴールドは耐性が強いのです。

よって、投資のリスクを減らすためにも、**ゴールドはS&P500やオルカンと同じタイミングで買うのが鉄則。**テーマ株やインド株は日程が多少ズレても構いませんが、ゴールドと人気の投資信託だけは、同日に買ってください。

そうしないと、リスクがきちんと分散されず、ゴールド本来の威力が発揮されません。

一度買ったら、最低10～20年は売ってはいけない

そして言わずもがな、ゴールドに配当や利子はありません。つまり、**100%キャピタルゲイン狙いの商品**なので、長く持つのが大前提です。最低でも、10～20年は持ち続ける覚悟を持ってください。

もちろん現在の市況が変わる可能性もありますし、市況が変わっても見極めるのが難しいかもしれませんが、下がっても毎月コツコツ積み立てるのです。株式投資とのバランスを図るためにもゴールドは必要ですし、下がったらむしろ、株と同じく買い込むぐらいの気概が必要でしょう。

とはいっても、ゴールドの好調はしばらく加速を続けるでしょう。

そもそもゴールドは、地球での埋蔵量に上限があるため、底を突かないようにと年

間の発掘量が3000～3500トンに抑えられています。

もちろん、需給バランスの観点もありますが、今後、採掘量を減らす可能性こそありますが、**増やす方向に傾くとは考えにくい**です。

また、前述した通りインドはゴールドをたくさん買っている国です。

インドでは婚礼の際に現金を渡せないため、代わりにゴールドを渡す風習がありますし、**インドが豊かになるほどゴールドの買いが進みます**ので、価格の上昇が予測されます。

アメリカの大統領選に世界的な紛争と、世界に混乱を招きそうな要因は複数ありますから、ゴールドは少なくとも、まだ天井には達していないはずです。

また、今後米ドルの基軸通貨としての価値が危ぶまれる時が来ると思われます。暗号資産（仮想通貨）の中には、ゴールドを裏付けとするものも出てきています。

このように、今後さまざまな観点からゴールドへの注目度が高まることは間違いありません。

ゴールドは今、オフェンスとディフェンスの両面を備えた特別な資産。新ＮＩＳＡを活用すれば、きっとあなたの資産形成に大きく役立ってくれるでしょう。

第6章

勝率アップのカギは、銘柄ではなくタイミング

勝率の高いタイミング投資術はこれだ！

買いどきの正解は過去のデータが教えてくれる

5番目の10％は、タイミング投資用です。

他の4つと異なるのは、**毎月投資する訳ではない**という点。基本的には貯金などに残したまま取っておき、ここぞというときに大きく投じるのです。

他の4つは上昇が期待されるものに投資しますが、タイミング投資は上昇しそうなものというよりも、上昇しそうなタイミングを見極めることが重要になります。

「安いところで買う」、これが基本です。

すなわち、**上下する要因の少ないものを買うのが鉄則。**個別株のような、企業の細かい事情に左右されるものよりも、S&P500やオルカンなどの投資信託のほうがタイミングを見極めやすいでしょう。

状況によっては、テーマ株に充てるのもありだと思います。

ただし、**インドはタイミング投資には向いていません。**なぜなら、インドの市場に関するデータがあまりに少ないからです。今のところ、少なくとも日本にいる限りはインド株に投じるタイミングは判断できません。

S&P500やオルカン、あるいはNASDAQ100やGAFAMから選ぶことになるでしょう。

ただし、あれもこれもと多くの場所に投資するのはご法度です。投資先数は、自分で管理できる範囲内にとどめること。そうしないと、振り返る際も煩雑になり、結果の良し悪しにかかわらずきちんと反省できません。

まずは1年を俯瞰し、月ごとのトレンドを把握せよ

では、具体的にタイミングを見極める方法について解説していきましょう。

具体的には、**年間のトレンドを示した2種のデータ・特定の日をベースにしたデータ・4年サイクルのデータ**を用いて見極めます。「なぜ4年？」というのは、後ほど詳しく説明します。

最初に確認するのは、年間のトレンドを示した左のデータです。

これは、1996〜2022年の投資信託とETFへの資金の流れの平均値を示したもの。27年間の平均であるにもかかわらず、月ごとの増減が意外と大きいのです。

1・2・4・11月は大きく投資されますが、**6・8月はむしろマイナス。つまり売り場となっている**ということです。

図6　月ごとの売買の平均データ

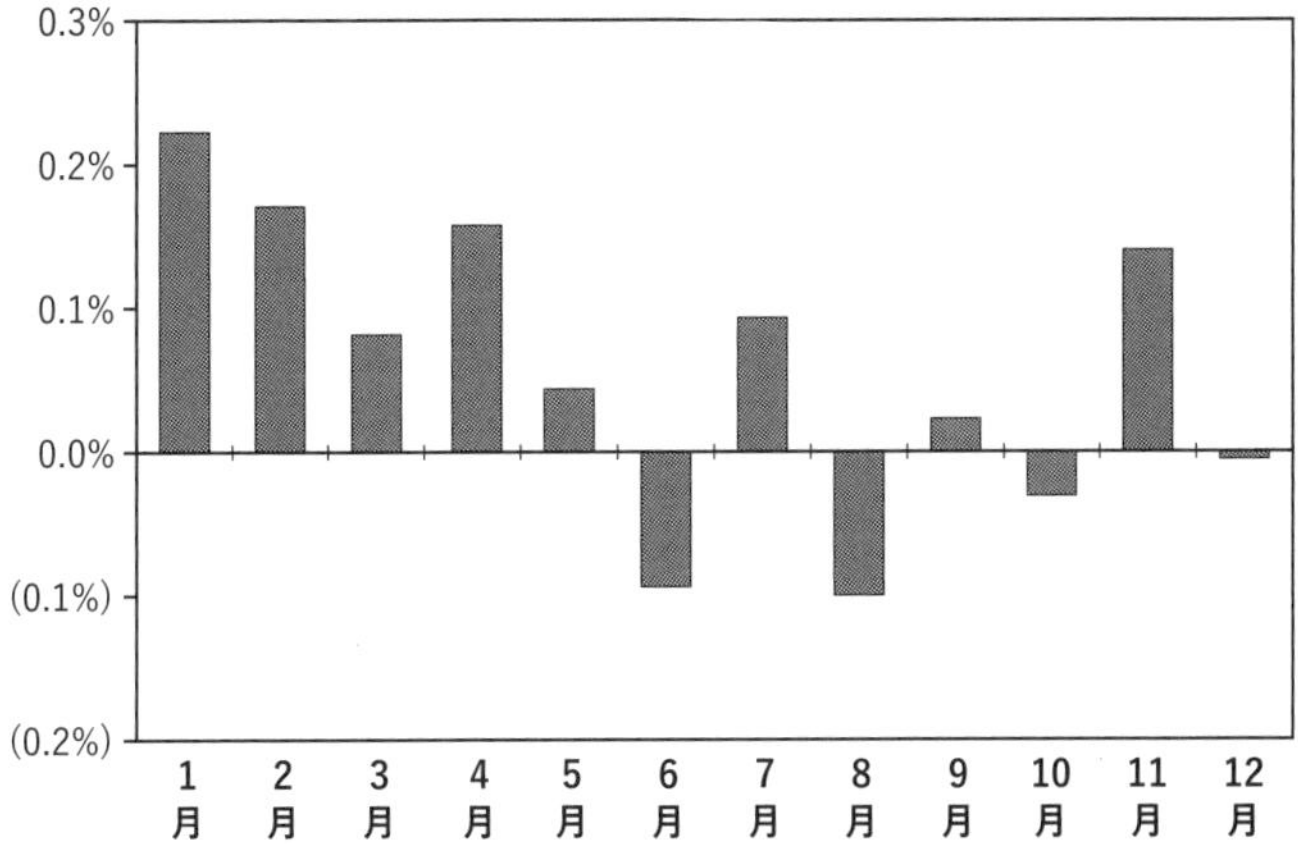

出所：各種資料より筆者作成

みんなが買う直前で買い、みんなが売る直前で売るのが投資の基本ですから、**買うべき月は6月、そして8～10月。**一方、売るべき月は4～5月と11月となります。

なぜ、月ごとにこれだけ資金の流れが変わるのか、明確な理由はわかっていません。「新年は社会や経済を含め、さまざまなことに前向きな気持ちになりやすいから投資する」「12月はイベントが多く気持ちがたかぶるものの、出費もかさむため売買を控える」「税金対策のための換金売り」など、いろいろ考えられるでしょう。実際、さまざまな説がささやかれていますが、真実であると判断するにはどれも根拠が薄いのです。

ただ、**8〜10月に売りが進むのは、金融事件や金融危機などの影響が大きい**かもしれません。その例を挙げてみましょう。

・1997年7月　アジア通貨危機
・1998年8月　ロシア金融危機
・1998年10月　LTCM（ロングターム・キャピタル・マネジメント）破綻
・2001年9月　米国同時多発テロ
・2001年10月　エンロン不正会計事件
・2002年7月　ワールドコム不正会計事件
・2007年8月　BNPパリバ・ショック
・2008年9月　リーマン・ブラザーズ破綻

・2009年10月　ギリシャ国債デフォルト危機
・2011年8月　S&Pによる米国債格下げショック
・2015年6月　チャイナショック

この時期に金融危機が集中する理由はわかりかねますが、過去に発生したのは事実です。理由は定かでなくとも、過去に傾向があるのなら天変地異に備えるのは悪くないでしょう。

もちろん、投資に確実はありませんし、毎年同じトレンドになるわけではありません。しかし、可能性を高める努力は誰でもできるのです。

買う月を決めたら、具体的にいつごろ買うかの目安を作る

月ごとの資金の流れを確認したら、続いて1カ月間の流れがどのようになっている

図７　S&P500の年間指数変動

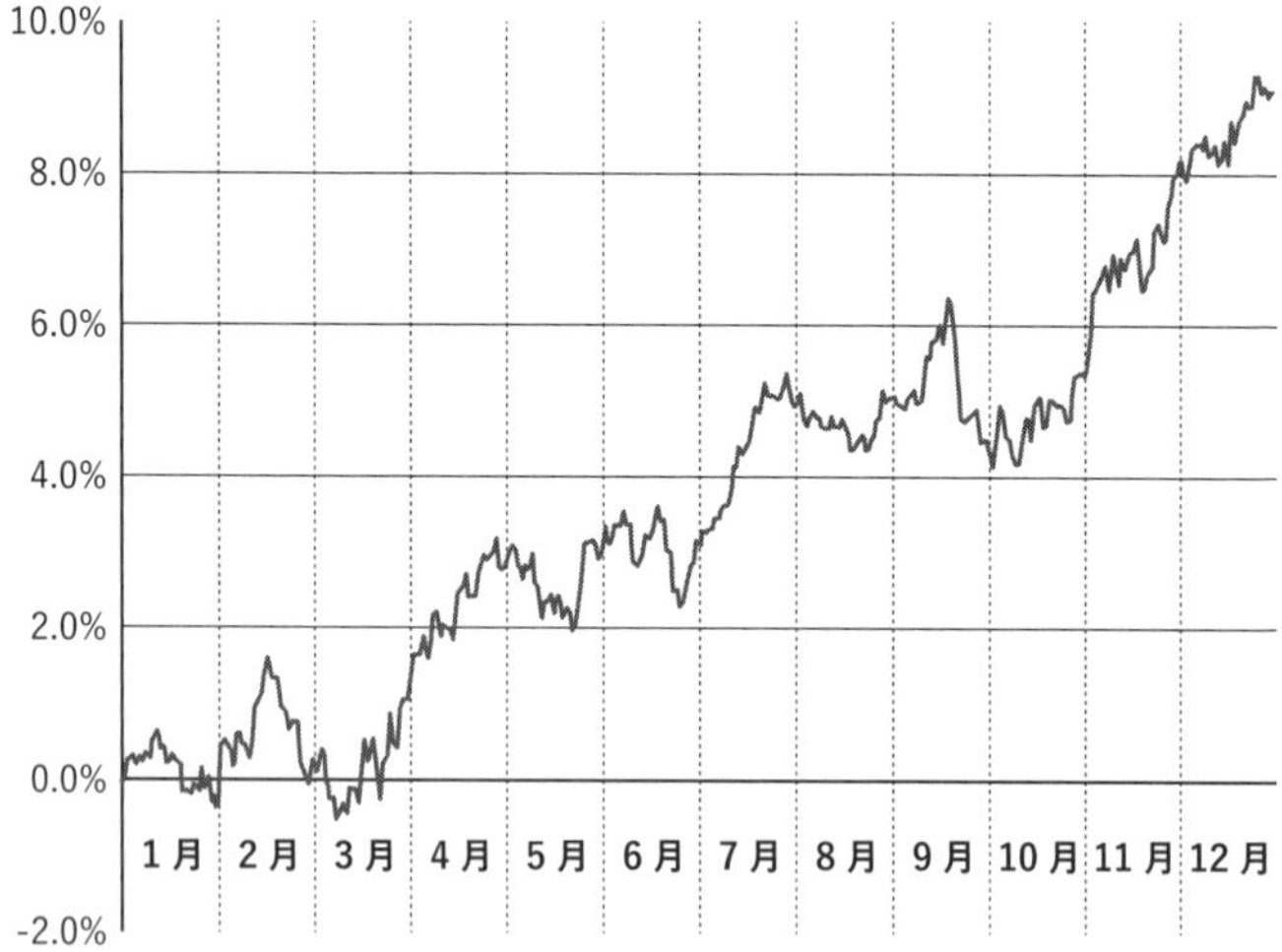

出所：Equity Clockより筆者作成

かを把握します。

使用するのは、Ｓ＆Ｐ５００の指数変動を示すグラフです。情報の抽出期間は、２００４～２０２３年。

資金の流れのグラフと同様、上下変動が明確ですね。**ここまで大きく上下に揺れているときは、変動に規則性があると考えてほぼ間違いありません。**

このグラフは、**各月ごと、どのタイミングで上がり、どのタイミングで下がるかの大筋を理解するために使います。**

たとえば1月は、上旬は上がり中旬以降は下がる、5月は中旬だけ低いなど、トレンドがあります。

12月は大筋上がるものの、クリスマスの頃を境に下がるようだとも読み取れます。

1カ月を上旬・中旬・下旬と3分割するだけでなく、イベントを踏まえて切り替えポイントを判断すると、予測の確度を高められるでしょう。

具体的に何日に買うかは祝日起点のデータをもとに決定する

S&P500の指数変動のグラフでいつごろ買うかを検討したら、該当期間に祝日があるかチェックしましょう。

祝日があったらしめたもの。なぜなら、祝日の前後でも米国株の値動きには一定の規則があるのです。成功確度をさらに上げるチャンスです。

具体的には、1980年1月〜2023年5月の株式指数の平均値を示した図8を使います。

ワシントン誕生日（2月の第3月曜日）は、前後ともに下がり当日のみ高値の傾向にあります。すなわち、**ワシントン誕生日は前後ともに買い場。**

感謝祭（11月の第4木曜日）は、前日と翌日は高くなりますが、前々日および翌々日はマイナス傾向にあります。買うなら、感謝祭の前々日または翌々日がいいということです。

アメリカの祝日を起点にした考え方は、買うときはもちろん**売りでも活かせます。**売るのは、買う以上に難しいもの。なぜなら、いつ天井が来るか、今が天井なのかは誰にもわからないからです。

決め手に欠けるため売り場で売り損ね、低いところで辛抱しながら持ち続けるのはよくある話ですが、このデータを見れば売りどきを見極めやすいはず。

図8　アメリカの祝日前後のデータ

新年（1月1日）を起点にした場合

	-3日	-2日	-1日	+1日	+2日	+3日
S&P 500	0.01	0.19	-0.10	0.18	0.22	0.03
DJIA	0.004	0.13	-0.14	0.28	0.2	0.16
NASDAQ	0.04	0.25	0.12	0.21	0.42	0.09
Russell 2K	-0.02	0.39	0.32	0.03	0.22	0.10

前3日間は上下していたが、新年以降3日間はすべて上昇に転じている

ワシントン誕生日（2月の第3月曜日）を起点にした場合

	-3日	-2日	-1日	+1日	+2日	+3日
S&P 500	0.35	-0.04	-0.10	-0.21	-0.08	-0.09
DJIA	0.32	-0.06	-0.03	-0.17	-0.09	-0.12
NASDAQ	0.54	0.18	-0.26	-0.47	-0.07	-0.03
Russell 2K	0.42	0.11	-0.01	-0.38	-0.16	-0.03

前後3日間ともに下降している

聖金曜日（復活祭〔イースター〕の前の金曜日）を起点にした場合

	-3日	-2日	-1日	+1日	+2日	+3日
S&P 500	0.08	0.04	0.38	-0.18	0.42	0.05
DJIA	0.06	0.02	0.30	-0.13	0.39	0.07
NASDAQ	0.24	0.26	0.46	-0.25	0.49	0.12
Russell 2K	0.15	0.15	0.55	-0.34	0.39	0.01

前3日間は上昇していいたが、後3日間は下降していた

戦没将兵追悼記念日（5月の最終月曜日）を起点にした場合

	-3日	-2日	-1日	+1日	+2日	+3日
S&P 500	0.10	0.08	0.10	0.22	0.12	0.27
DJIA	0.07	0.02	0.02	0.27	0.13	0.15
NASDAQ	0.18	0.26	0.19	0.20	-0.02	0.47
Russell 2K	0.09	0.27	0.21	0.25	0.09	0.37

前後3日間ともに上昇している

独立記念日（7月4日）を起点にした場合

	-3日	-2日	-1日	+1日	+2日	+3日
S&P 500	0.20	0.13	0.12	-0.08	0.03	0.10
DJIA	0.17	0.10	0.12	-0.05	0.04	0.08
NASDAQ	0.32	0.14	0.10	-0.02	-0.10	0.28
Russell 2K	0.29	0.03	0.04	-0.20	-0.13	0.10

後3日間は下降している

レイバー・デー（9月の第1月曜日）を起点にした場合

	-3日	-2日	-1日	+1日	+2日	+3日
S&P 500	0.23	-0.21	0.08	-0.02	0.16	-0.08
DJIA	0.20	-0.24	0.08	-0.01	0.19	-0.13
NASDAQ	0.43	-0.07	0.08	-0.11	0.05	0.05
Russell 2K	0.51	0.01	0.08	-0.05	0.18	0.04

前3日間は上昇し、後3日間は上下している

感謝祭（11月の第4木曜日）を起点にした場合

	-3日	-2日	-1日	+1日	+2日	+3日
S&P 500	0.11	0.06	0.25	0.10	-0.38	0.26
DJIA	0.14	0.07	0.21	0.07	-0.34	0.26
NASDAQ	0.01	-0.12	0.43	0.33	-0.36	0.10
Russell 2K	0.20	-0.02	0.38	0.18	-0.52	0.22

前後3日間ともに上昇している

クリスマス（12月25日）を起点にした場合

	-3日	-2日	-1日	+1日	+2日	+3日
S&P 500	0.21	0.13	0.15	0.29	-0.01	0.25
DJIA	0.25	0.18	0.18	0.32	0.01	0.21
NASDAQ	0.03	0.26	0.32	0.27	-0.01	0.31
Russell 2K	0.31	0.27	0.29	0.28	-0.06	0.46

前後３日間ともにほぼ上昇している

出所：Trader's Almanacより筆者作成

そろそろ売り場と思ったら、チェックしてください。

祝日起点のデータも、もちろん100％同じ動きをするわけではありません。実際に私も、2024年2月は中旬まで上げトレンドだったため、プレジデントデーの直前である15日までに全ETFを売りましたが、その後も上げが続きました。

ただ、過去の動きに特徴があるのは事実ですし、**外れるのはまれ**です。実際、**アメリカ人の中には祝日のデータを見ながら運用している人もいます。**

細かく感じるかもしれませんが、投資を始めて2～3年目になり、本腰を入れたいと思ったときにはぜひ取り入れてほしいですね。

アメリカ人は当たり前にやっている

成功率高し！
大統領選を中心に考える投資法

米国株は、4年サイクルでも同じトレンドを繰り返しているのを知っていますか。ピンときた人もいるかと思いますが、アメリカはもちろん日本をはじめとした諸外国も注目している大統領選とアメリカ株式は大きく関連しているのです。

大局をつかむため、大統領選から何年目の年なのかもチェックしましょう。大統領選を踏まえた4年サイクルで投資戦略を立てるのは、日本ではあまり知られていませんが、実はアメリカでは一般常識。プロはもちろん、**普通の個人投資家も活用しているほど、よく使われる手法**なのです。

Ｓ＆Ｐ５００やオルカン、そして前章で記したテーマ株に取り組むのなら、ぜひ知っておくべきでしょう。

大統領選を踏まえた４年サイクルの情報は、左のページのグラフを参考にします。左端の「選挙後」が大統領選の次の年、つまり１年目で、「中間」が２年目、「選挙前」が３年目、そして右端の「選挙」が大統領選の年です。

Ｓ＆Ｐ５００は、点線は１９４９～２０２３年、実線は２０２１～２０２３年ですが、基本的なトレンドは同じでしょう。

１年目は上昇、２年目は微減、３年目に大きく上がり、大統領選の年も上昇します。

３年目が大きく上がることを知っていると、３年目のためになんとしてでも投資資金を工面したくなりますね。また、２年目に下がったときも「来年は大きく上がる」と思えるので、売らずに待てるはずです。

図9　大統領選と米国株の関係

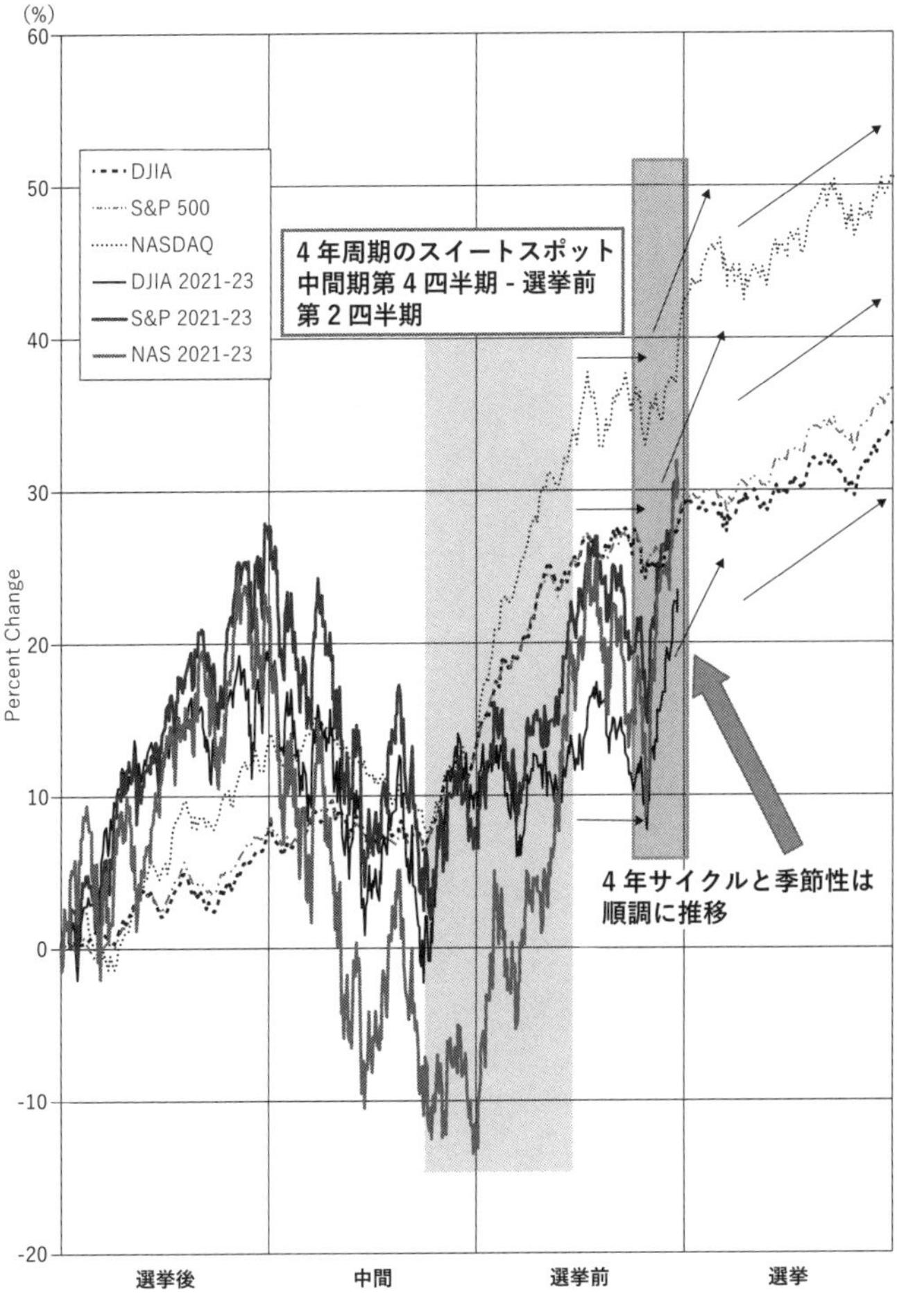

出所：筆者作成

実際、2023年はS&P500を始めアメリカ株式全体が大きく成長しましたが、2022年は芳しくありませんでした。

しかし、2022年の初めには、あらゆる大手金融機関が「米国株は上がる」と予測していたでしょう。私はこのデータを見ていたので、少なくとも5%は下がるだろうと思っていました。結果、5%よりも下がり散々だったのです。

2022年は、耐えきれなくなり低いところで手放した人が大勢いました。しかし、翌年上がるというトレンドを知っていたら、持ちこたえられたはずです。

そもそもこのデータのトレンド上は、**アメリカ株式は2年連続で下がることはまずありません。**

現に、2023年は見事に上がったでしょう。2022年に手放さなければ、取り戻すどころか大きく儲けられていたのです。

ちなみに2023年になると、大手金融機関や専門家を名乗る人たちは、「2023年は下がる」と口を揃えて言っていました。2年連続で、大きく外してしまったわけです。

無論、私は年初に「2023年は大きく上昇する」とし、「S&P500は25％上昇する可能性がある」との予測を発信しました。結果は24・23％でした。

つまり、S&P500の上昇率を「世界で最も的確に予測できた」わけです。これも過去のデータを丹念に分析した結果にすぎません。

マイナストレンドでも賢く買うべし

バイデン政権のときは、4年サイクルのデータと見事なまでに同じトレンドを描きました。

2000年にドットコムバブルが弾けたときは、3月のNASDAQは78%減となりましたし、もちろん同じトレンドは描いていません。2008年のリーマン・ショック時も同様です。

金融や経済が危機に陥ったとき、過去のデータは効力を発揮しませんが、同じくプロでも外すのです。そして、今のところ必ず回復し、また4年サイクルのデータのトレンドに戻っています。

このデータを見ても、2024~2025年は明らかに買いどきです。

2025年の最後から2026年の半ばまでは買わないほうがいいかもしれません。しかし、だからといって1年以上現金を増やしっぱなしにするのはもったいないです。

マイナストレンドでも投資できないわけではありません。

タイミング投資は、始めたばかりであれば年1~2回の取引で構いませんが、投資回数を増やし分散投資することでリスクを軽減する方法もあります。

タイミング投資とは異なりますが、マイナストレンドのときはインド株やゴールドに注力するような判断だってありでしょう。

万一、２０２５年の末以降もS&P５００が上がり続けたら「失敗した」と思い、S&P５００に戻ってくるタイミングを計り損ねるかもしれませんが、そもそもインドとゴールドには期待感しかありません。

タイミング投資のリスクを減らす方法

タイミング投資に慣れてきたら、取引回数を増やし積極的に取り組むのもいいでしょう。たとえば大統領選の前月は急落し翌月は急騰するので、２０２４年10月に大きく買い、12月に売るようなこともできるようになってくるはずです。

ただし、**タイミング投資はチャンスが大きい分、リスクもある**ことを理解しておいてください。取引が頻繁になるほど、リスクは上がります。もちろん、運用コストも上昇します。

S&P500は、日本を含め世界的に注目されていますが、それには「大きな成果を挙げているから」といううれっきとした理由があるのです。事実、過去15年のアクティブ型運用やヘッジファンドの88・4%は、S&P500を上回る成果を上げられていません。

多くのプロが勝てないのですから、タイミング投資をするにはそれなりの心構えが必要なのです。

リスク型の投資だからこそ、データは特に重視しなければなりません。

リスクを許容できない人、難しく感じる人は、S&P500とインド株、そしてゴールドのみの3分割でもいいと思います。タイミング投資をするのは、高い成果を狙うためにデータにしっかり向き合える人だけにしてください。さもないと、泣きを見ます。

ちなみに私は、大統領選のチャートを見るときは、**民主党政権のときはどうか、共和党政権のときはどうか**など、過去の動きをいくつかのパターンに分けて分析しています。

さらに、**金利も踏まえて検討します。**過去、FRB（連邦準備制度理事会）が利上げを停止しているときはどうだったか、再開後はどのように動いたかまで見るのです。パターンの見極め方こそ、まさに腕の見せどころ。

アメリカではシンクタンクが乱立していて、有用なデータが山のようにあります。有料のものも多い中、どれを選びどれを信頼するかがポイントとなります。

本腰を入れてタイミング投資に取り組むのは、会社との両立では難しいかもしれません。できたとしても休日は返上になるでしょうし、家族にしわ寄せがいくことだって考えられます。

細かく何度もタイミングを計るときは、その分多くのデータを見る必要があるでしょう。ところが、最初はデータを読み解くどころか、取捨選択するだけでも困難なのです。

大統領選の行方によっては、アメリカそのものがガラリと変わり、過去のデータが通用しなくなる可能性だってあるでしょう。しかし経験が少ないときに外してしまうと、データを活用できていないのか、データが使えなくなったのかさえわからないはずです。

さらに、**慣れないうちは知らぬ間に私情が入る**可能性も考えられます。「この状況下で米国株が下がるとは思えない」「新しい技術が出ているわけだし、今年や来年だけは特別なのでは」などと考えたら元も子もありません。

知識と経験、そして時間がそれなりにないと、タイミング投資は精度高く行えないのです。

もちろん、本書で紹介したデータをもとにタイミング投資をするだけでも成功確率は上げられますし、学びを得られるというメリットもあります。だからこそ、まずは投資資金全体の10％から始めるべきだと思うのです。

成功と失敗を繰り返しつつも成長の兆しを感じられるのなら、ぜひ継続すべきでしょう。どうしても見極めが難しいときは、データを分析している専門家から学ぶ方法もあります。そういう時こそ、私を利用してください。

要は、**どんな投資スタイルを築きたいかで進むべき道は変わる**のです。ライフスタイルも目標も一人ひとり異なるので、結局は自分で決めねばなりません。

ほったらかしは今日で卒業！　しっかり振り返り次に活かす

私はこれまでさまざまな手法を試してきましたが、正直なところ、**株価のトレンドとの合致率が最も高かったのは、大統領選を踏まえた4年サイクルのデータでした。**

「投資した後は、見ないのが一番」という声があるのも知っています。もちろん、中長期で取り組むなら、チャートや時価総額をチェックしても、いいことは少ないかもしれません。

調子がいいからといって追加投資すべきとは限りませんし、下がっているときこそ買いどきなのに、見ると気持ちが落ち込み手放してしまうかもしれません。

しかし、投資経験をそれなりに積み、次は中級者へと成長したいと思うなら、投資結果ときちんと向き合うべきです。

タイミング投資では、特に振り返りが重要。投資したら、過去のデータと同じ動きをしたか、あるいは例外的な動きだったかを確認してください。もちろん、100%同じにはならないので、強弱感がどうなのかまでしっかり見るのです。

過去のデータと異なっているのなら、なにが理由なのかも考えてください。大きな金融危機が起きたのか、戦争や政治の影響なのかです。過去のトレンドにすぐ戻るのか時間がかかるのかは、理由によって異なります。

第2章で記した通り、アメリカが覇権を失ったら、紹介したデータも前提が崩れるため、有効なものとして使えなくなる可能性だってあるのです。

トレーダーでない限り、仕事と投資を両立するのは容易ではありません。

特に慣れないうちは、データとデータを付き合わせて振り返ることそのものに難しさを感じるでしょう。

振り返りを楽にするには、**準備段階で、パターンの予測を複数持っておく**という手もあります。

たとえば2024年の執筆時点では、いつ利下げがあるのかが大きなポイントとなります。それならば、利下げがいつなされるかを踏まえて、複数パターンを先にシミュレーションしておくのです。

準備をせずにお金を投じてしまうと、振り返るときはゼロからのスタートですが、いくつかパターンを描いていたら答え合わせから始められます。照らし合わせた結果、近しいパターンが見つかったら、振り返りはほぼ完了と言っていいでしょう。

また、事前に複数予測していると、いずれかのパターンに入る瞬間に立ち会うこともあるはずです。**パターンに入ったら、その後のトレンドを読めたも同然。**かなり近しい動きになるので、細かくタイミングを推し測ることだって可能です。

逆に外したときも、差が生じたポイントから考えると理由を推測しやすいでしょう。

このように予測と振り返りを繰り返すうちに、投資の面白みが実感されてきます。投資というのは興味深いことに、**モチベーションが高まるほど、ポジティブなサイクルがどんどん加速する**のです。なぜなら、相場や経済への関心が高まり、意識せずとも必要な情報が自然と入ってくるようになるため。

投資の面白みを感じたら、成功ループに突入したと言っても過言ではありません。

振り返り、考える癖をつけること。そうすれば初心者ではなくなりますし、他の人とも一気に差がつきます。

ただし、繰り返し指摘しておきますが、メディアやYouTubeなどの他人の意見に耳を傾け過ぎないことが大事です。

第7章

世界基準の投資家の思考と行動

「やめる」はご法度！　ただひたすらに投資し続けよ

資産形成は40代までで勝負が決まる

さまざまな本で言及されていますが、資産形成を進める上で最も大事なことは、やはり私も継続することだと思います。どんなことがあっても、途中でやめないこと。つまり、株価が暴落しても続けなければいけません。だからこそ、**暴落しても生活に支障のないよう、余剰資金でやるのが基本**なのです。

逆に言うと、失敗する人の代表格は途中でやめる人なのです。

投資を始めるとき、多かれ少なかれ誰しも儲けを期待しているでしょう。すなわち、どんどん上がっているときにやめる人はほぼいません。

やめるのは、期待できなくなったときです。やめる人が口を揃えて言うのは、「下落に耐えられない」という言葉。下がってしまい、もう取り戻せないと思ってしまうのですね。

そのまま持ち続けていれば、いつかは上がると思えないのでしょう。いつかは上がると思えないと、それこそ「貯金しておいたほうがマシだった」とも感じるかもしれません。

時間と労力を割いて投資に向き合っていた人ほど、落ち込みは大きいだろうと思います。

しかし、株というのは指数や価格が上下するだけで、決して株数が減っているわけではありません。

下がるのが嫌だったら、見ないのが一番です。自動引き落としにすれば見なくて済みますので、タイミング投資以外であればなんとかなるでしょう。

投資の世界では、何もせずにほったらかしにしているのが一番儲かるという説もあるほどです。恐怖心から手放してしまうことが、いかにダメかを物語っていますね。

しかし、ここまで読んだみなさんには、株価指数が20％下がり暴落となっても、落ち込むのではなく**むしろ買い場だと思い強気で向かってほしい**のです。

日本のバブル崩壊やリーマン・ショックの衝撃は実に大きかったですが、そういうときこそ大きく儲けるチャンスでしょう。

現に、２０２０年のコロナショックで投資して儲けた人を、私はたくさん知っています。

金融危機は、およそ3～5年でやってきます。近年ではそのサイクルが短くなっている感もあります。そのときは、恐れずに攻めに転じ、積極的に買ってください。

既存の株価が気になるかもしれませんが、よっぽどひどいものをつかんでいない限り、いくら下がったとしても下がりっぱなしということはありません。

恐れずに耐えましょう。それさえできれば、資産は決して減りませんし、むしろ大きく増えるのです。

正々堂々と勝負し大きく儲けよ！

必要最低限のお金以外は、全額投資に回すべきというのは第1章で記した通りです。

しかし私自身、若いうちから「貯金は意味がない、すぐにやめるべき」と考えていたわけではありません。

このマインドになったのは40代半ばの頃、日本における投資環境が整ってきたのがきっかけでした。

今でこそ商品のバリエーションが豊富にあり、割と手軽に取引できますが、**これだけ自由になったのはここ10～20年のこと**なのです。

そもそも日本は、1960年代の半ばに外国株式へ直接投資できるようになりましたが、もちろん今ほどさまざまな銘柄があるわけではありませんでした。ネット証券もないので手数料が高く、株を買うだけで何万円もかかるような時代が長く続いていたのです。

個人投資家がインターネットで株式を売買できるようになるには、1998年、松井証券の新サービス「ネットストック」の誕生まで待たなければなりませんでした。**1999年以降、固定制だった株式売買委託手数料が完全自由化になり、証券会社が急増。**日本初のインターネット専業の証券会社である楽天証券が誕生したのも1999年6月、SBI証券がインターネットでの取引に対応し始めたのも同年の10月です。

私の場合、金融機関に勤めていたので個別株を買うことが禁じられていたという背景もありますが、もし買える状況だったとしても商品数の少ない外国株式や期待感の薄い国内株式に、高い手数料を払ってまで手を出そうとは思わなかったでしょう。

そのため、一部、先物やオプションはしていましたが、基本的には貯金に回していたのです。

しかし、**2000年ごろを境に、時代は変わりました。**確定拠出年金も2001年に始まり、世の中の投資ノウハウはどんどんたまり、利便性も年々高まっていったのです。

株式投資は、**プロとアマチュアが同じ土俵で戦える**点も、私の心をかき立てます。一般人がプロと一緒に戦えるものは、他にはなかなかないでしょう。

たとえば野球も、学生時代からスクールや少年団で経験を積んだとしても、日本高等学校野球連盟に登録されている人数に対して、ドラフトにかかる選手は育成を含めてもたったの0・1％。たった一握りの中に食い込まなければ、プロと同じ土俵には立てないのです。

有名な選手と戦いたければ、一軍入りしなければなりません。一軍に入ってもベンチ入りというハードル、出場というハードルだってくぐり抜けなければならないのです。

しかし、金融市場では誰もが同じ立場で戦えるのです。海外株式の商品数も続々と増えていますし、**海外の一流投資家と肩を並べて戦っているのは、メジャーリーグの選手と戦っているのと同じこと**でしょう。

そう思うと、野心がおのずと湧き上がってきませんか。

今は、プロがS&P500に負ける始末。少し大げさではありますが、S&P500に投資しているだけで大半のプロに勝てるとも言い換えられます。

インド株にテーマ株、そしてタイミング投資を駆使してS&P500以上を目指すのが本書の主旨ですから、ある意味プロ以上と言うこともできるのです。

みなさんは、ここまでさまざまなノウハウを学んできたのです。自信を持ってください。大きく投資し、大きく儲けるのです。

40代までは「貯める」に全集中すべき

儲けが出始め、資産が少しずつ形成されてくると、「儲けたお金をどう使うか」という迷いが生まれるかもしれません。

結論、若いうちは使ってはいけません。もちろん日々の生活を切り詰めるような必要はありませんが、必要以上にお金を使うのはナンセンスです。

なぜなら、**貯めながら使うのは非常に難しい**からです。貯めると使うは相反する行為でしょう。前に進みながら後ろに下がっているようなものなので、貯まっている実感をあまり得られない一方、満足するだけ使うこともできず、どっちつかずになってしまいます。

「毎月●万円ずつ資産を増やす」といった考え方をすればいいと思うかもしれません。しかし、株式というのは常に上下を繰り返しているので、**資産の総額を正確に判断するのは難しい**のです。

もちろん日常生活に必要なもの、冠婚葬祭、子どもの教育費など、誰しも使うべきタイミングはありますし、目標額が貯まるまで絶対に使うなとは言いません。しかし、若いうちは必要以上に使ってはいけません。少なくとも40代ぐらいまでは、貯蓄に専念すべきでしょう。

資産は、いくらあっても困ることはありません。

死ぬときに貯金がゼロになるくらいがいいという考え方もあるようですが、そもそも自分が死ぬ瞬間を当てられる人はいないでしょう。

途中から資産を切り崩し、残さずに死ぬという在り方そのものには賛成しますが、資産をいつゼロにするのがいいかを考えるよりも、若いうちは資産形成に専念するほうがよっぽど賢明だと思います。

まずは、貯める。**使い方や切り崩し方を考え始めるのは、十分に貯まってからでも遅くはありません。**

情報を追いかけても気持ちを振り回されるのがオチ！

データのみぞ真実を語る

投資のスキルアップを意識しだすと、少しでも有用な情報を得るためにはどうしたらいいかと考えるようになります。さまざまな本を読みたくなるでしょうし、インターネット上の記事や動画を見て回る人も多いでしょう。

しかし正直なところ、**情報収拾は新聞だけで十分。**本はまだしも、メディアをあちこち回遊してもいいことは一つもありません。

新聞を読む際も、事実だけを確認する意識を持ちましょう。新聞を含め情報発信物はとかく、ネガティブなことを強調する傾向があります。

可能性がいかに低くても、リスクを説いておかないといざ危機に陥ったときに世の中から非難されると思うのでしょう。あるいは、リスクを説いたほうが注目されやすく、自社の売り上げにヒットするからという理由もあるかもしれません。

あらゆる情報が、ネガティブなことに目を向かせようとしますが、決して心を振り回されてはいけません。**現時点で明らかになっている事実は何なのか、どこからが推測なのか**、自分の中で線引きしながら情報収拾してください。

事実と推測を分けて捉えないと、ネガティブな情報を真に受け、誤った判断をしがちです。

ほったらかしにしていて暴落にあったときなどは、特に気をつけなければいけません。慌てて一気に情報収拾を始めると、冷静さを欠くためにネガティブな推測におびえて売ってしまいます。

暴落時は買いどきなのに、無責任なあおりに振り回され、買い場・売り場の認識を誤ってしまうのは何とももったいない話です。

そもそも株というのは、いかに上昇トレンドをつかむかが勝負。ネガティブな話にばかり目を向けていると、負けてしまいます。むしろ、**ポジティブなものに目を向けるようにしましょう。**

私が思うに、とりわけ**TVのコメンテーターの話は、不必要なネガティブ発想ばかり**です。YouTubeも、エンタメ目的なら見てもいいですが、経済や投資関連の情報収拾場所としては不向きでしょう。

消費者物価指数も米国雇用統計も、気になるなら見ても構いませんが、正直、優先順位としてはそこまで高くありません。

見るなら、新聞と同じく事実を受け止めるのみにとどめるのを徹底してください。**他人の考察は、絶対に鵜呑みにしてはいけません。**

「自分で考えるのは難しい」「自分の考えが正しいか自信がない」と思うかもしれませんが、むしろ**自分の頭で考えることこそ投資の醍醐味**でしょう。

他人の見解をそのまま受け止めるのは、初心者以下だと思います。

たとえ正しい見解を導き出せないとしても、自分で考えること。自分の考えが間違っていることがわかったら、なぜ間違ったかを考えること。

それこそ、自分の投資スキルを高めるチャンスなのです。きっと、投資だけでなく、普段の仕事でも生きるところがあるでしょう。

チャート分析もファンダメンタルズも成功しなかった

では、何をよりどころにすべきかというと、「データ」以外にありません。

本書でもいろいろと紹介してきましたが、**データはすべて事実です。**事実に嘘はありません。

2021年、私が「エネルギーが上がる」と言っていたとき、市場関係者はみな口を揃えて「消費財一択」と豪語していました。

さまざまな見解が飛び交うのは普通のことでしょう。そもそも、みな同じではないからこそ、差が出るのです。

だからこそ、**最終的に大事なのは、何を信じるか、誰を信じるか**です。

人よりも頭ひとつ抜きん出たい、確かなものを信じたいと思うなら、人ではなくデータに頼るのが一番だと思います。

どのくらい深くデータを読み込むかで、エッジが出るのです。

しかし、かく言う私も株式投資を始めた当初は、勘を頼りにしていました。「今、上がりそうだから買いだ」などと、しばらく感覚頼りの投資を続ける中で気づいたのは、**勘でやるのは遅れを取っている**ということ。

そこで、次にチャートを使い始めました。

チャートもだいぶ勉強しました。チャートにもいろいろな考え方があり、一筋縄ではいきません。勝率が高かったのは、逆張りの取引。しかし、負けることもありました。


次に、ファンダメンタルズで考え始めました。

ファンダメンタルズを取り入れるようになったのは、Metallgesellschaft Ltd.（現JPモルガン）のロンドン本社に勤めていたとき。コモディティについて、客にファンダメンタルズで説明するポジションに就いたため、自然と覚えたのです。

しかしファンダメンタルズを学んでも、そのまま投資に使えるわけではありませんでした。


ターニングポイントとなったのは、三井物産のコモディティ会社に移ってからです。

ゴールドや原油などのコモディティの市場分析および投資戦略の立案の責任者に就き、テクニカルとファンダメンタルズを両方活かすようになり、試行錯誤を繰り返す中、データを用い、テクニカルの視点での値動きを重視するとうまくいくことに気づいたのです。

その結果、「WTI原油は史上初めて1バレル40ドルを超える」とのレポートを発表し、その通りになりました。この年は国内外のメディアの取材が殺到し、非常に忙しかったのを覚えています。某経済番組に3度出演し、「秋口にWTI原油は55ドルまで上昇する」との予測を示しました。結果は高値が55・67ドルでした。

このように、完璧といえるほどの予測ができるようになったのも、さまざまな手法を駆使し、自分の分析方法を確立したからにほかなりません。

手応えを感じてからは、季節性や市況を踏まえて過去のデータを徹底的に調べあげ、パターン分析に専念しました。

すると、急激にうまくいくようになったのです。**パターン分析が、最もタイムラグの少ない考え方**なのだと悟りました。

コモディティの分析担当として得た知見を自身の資産形成に当てはめたのが、本書で紹介した分析手法です。

この手法を利用して2008年に運用を開始したのが、日本で初めてのコモディティ・ヘッジファンドでした。

この年はいうまでもなく、リーマン・ショックが起きた年です。この年の5月にファンドの運用がスタートしましたが、原油価格はすでに1バレル100ドルを超えていました。

しかし、それでもファンドは運用しなければなりません。原油などの多くのコモディティを購入しましたが、7月に相場が崩れ始めました。

そこで私は一転して買い持ちを売り持ちに転換し、大きな利益を上げることができました。

この年は多くのヘッジファンドが巨額の損失を出し、解散に追い込まれましたが、私はこれまでの経験を活かし、難を逃れることができたばかりか、投資家に利益を還元することができました。

その後、市場分析の範囲を株式などの金融市場にも広げ、アメリカの翻訳本を読む中で、アメリカには株価の変動パターンにまつわるデータがたくさんあることを知り、2022年に入るときには資産形成向けのパターン分析法を確立できました。

以降、大局における予測はほぼ外れていません。株価とはどのような生き物なのか、物事がよくわかったような感覚を覚えています。

資産形成術が形成されるまでは、国内・海外問わず経済や資産形成にまつわる本をさまざま読みあさりました。

しかし、**本は著者の解釈というバイアスがかかっているのが難点。**参考にはなるものの、そのまま自分に当てはめてもフィットしないのです。

データは事実そのものなので、感情の入る余地がありません。だからこそ精神的な安心感があり、夜も不安にならずぐっすり眠れます。

株価に向き合うときは、他人の意見、そして私情はいりません。私情を捨てるという意味では、プライドを捨てたとも言えるかもしれません。

投資家としてのキャリアの長い人でも、失敗を犯すことがありますが、今ではその理由がよくわかります。

キャリアがある人ほど、バイアスが強いのです。自信があるためにデータよりも自分の経験や勘を重視してしまいます。気持ちがいいときは強気になりやすく、ネガティブに感じると、買いどきでも売ってしまうのです。

自分に誇りを持つのが悪いことだとは言いませんが、正しい道を示すのはいつだって事実、つまりデータなのです。

手間が少なく流動性が高い！

投資信託は最強の資産形成法

私の資産運用は、投資信託がメインです。不動産は一切していません。なぜなら、すぐに売れないからです。

流動性が低いといざというときに対処しにくいですし、そもそも現時点でいくらなのかが視覚化されにくく、現在地を正確に測るのが困難という難点もあります。

不動産に手を出すのなら、物件所持ではなくＲＥＩＴ（リート）のほうがいいと思います。ＲＥＩＴとは、投資者から集めた資金で不動産投資を行う仕組み。いわゆる、不動産版の投資信託です。

しかしREITは、賃貸料による収入や売買益を原資とした配当を得るスタイルなので、インカムゲイン狙いになります。

わかりやすさの面ではキャピタルゲインのほうが優位なので、REITもそこまでおすすめはできません。

配当目的の投資に走るべからず

配当株にするか投資信託にするかというのも、世の中では見解が分かれるようです。

結論、私は、配当株を投資の中心にすることはおすすめしません。特にこれから資産を増やそうとする投資家は避けるべきだと考えています。


配当を出す銘柄TOP100と、出さない銘柄TOP100の収益を比べた調査データを見たことがありますか。

「配当分が加わるのだから、配当を出す銘柄のほうが成績がいいだろう」と思うかもしれませんが、結果はほぼ同じ。

配当を出す銘柄は、なぜか株価の上昇面で劣るのです。

さらに、配当狙いの資産運用は簡単ではありません。銘柄の特性も理解しなければいけませんし、普段から頻繁にチェックできる人でないと厳しいでしょう。

配当株には、相場が崩れたときに効くというメリットがありますが、配当内容も変わりますし、マーケットを見て機能的に動かさないと儲けられません。

かく言う私も、配当狙いの個別株を所持していないわけではありませんが、**持っているのは上がることが明白な株のみ**です。

世の中に配当狙いがいいという論調が存在するのは、株価の値動きへの自信のなさの表れではないでしょうか。値動きを読めるようになれば、配当なしの株式に集中させるのが得策であることは明らかです。

普通に仕事をしている人は、投資信託に積み立てて、値上がりを狙うのが一番でしょう。シンプルかつわかりやすく、継続しやすいはずです。

細かいことにこだわり過ぎるとロスが生まれる

投資対象は、日に日に増えています。投資信託も、S&P500やオルカンばかり注目されていますが、調べればきりがないほどさまざまな商品があるでしょう。選ぶときは、成績はもちろん取り扱い企業の信頼性だって確認しなければなりません。ところが**時間は有限です。**

そんな中、手数料の差で悩んでいたりはしませんか。

もちろん、10%と9%であれば悩む価値があるだろうと思いますが、0・5%と0・

4％で悩んでいても仕方ないでしょう。投資金額が10万円だったとしても、差はたった100円なのです。

もちろん塵も積もれば山となりますし、手数料をないがしろにしていいという意味ではありません。

しかし、100円の差に悩み、時間と頭を使うのであれば、その分、**稼ぐことや分析することに充てるべき**でしょう。もっと大きく狙うのです。

同様に「時間・労力」対「対価」の観点で、個別株投資に注力するのもおすすめしません。「マクロよりミクロ」という、巨額の富を築いた成功した投資家がいますが、それはその人が有能だったからです。実際にはむしろ逆でしょう。私にはできる気がしません。

ミクロの世界は非常に難しく、儲けるどころか大きく負ける人が山ほどいるのです。時間はもちろん、センスも必要になります。少なくとも、私はミクロが苦手であり、マクロが得意です。そして、実際に結果も出しています。

ウォーレン・バフェットも、「一般人が投資するならS&P500が一番」と言っているではありませんか。貴重な時間ですから、何に使うのが最も得策か、常に意識する癖をつけたいものです。

私たちの明日、つまり「日本」に未来はないのか

もしかしたら、「日本以外の国のみに投じるのは情がない」「自国の未来に可能性を感じられないのか」と思う人もいるかもしれませんね。成長を期待できるところに充てるのが投資の基本ですので、本書で日本株の言及がないことに疑問を抱く気持ちは優に想像できます。


日本も、未来が明るくないわけではありません。

ただ、**日本とアメリカでは、競争力に天地の差がある**でしょう。それぞれの代表企

業を思い浮かべても明白です。MicrosoftもAppleも、なくなったら世界中で多くの人が困るでしょう。しかし日本には、大きな意味でなくなって困る会社は残念ながら今のところないのです。

日本は人口がどんどん減っている状況ですし、近い将来、世界の覇権を握りそうな気配は全くありません。

日本への期待感がゼロなわけではありませんが、投資対象の優先順位として、日本がアメリカやインドの上に来ることはないのです。

一部の日本のアクティブファンドも判断力がすごいとは思いますが、アメリカやインドの投資信託に勝る可能性は非常に低いと思います。

より期待できるところに賭けるのは、投資における基本です。決して、自国への薄情さ、期待感のなさを表しているわけではありません。

おわりに

私が金融の仕事をして約30年が経ちます。資産運用の重要性はかれこれ10年以上前から世間で話題になっていますが、**今やっと、個人が資産運用をするための素地が整った**のだと思います。

私と同世代であれば、「株は下がるもの」「投資は胡散臭いもの」というイメージを持っていた人は少なくないでしょう。それも当然です。数年前まで日本株は下がり続けていましたし、海外の株は買えなかったのですから。

しかし、今は商品の種類が多く、手数料は低い時代。情報も揃っていますし、さらには新NISAという優遇制度まで登場したのです。

個人が投資するためのインフラが整った今、やらない人はむしろ損になるでしょう。

今後、成功するのは行動できる人です。

日銀はデフレのリスクを考えているようですが、しばらくデフレは訪れないでしょう。40年下がり続けたのですから、1～2年では変わりません。

これから、日本人にとって投資するのが当たり前という時代に突入します。投資しなければ、貧乏にはならなかったとしても現金は確実に目減りします。資産防衛のためにも、投資にはしっかり向き合わなければなりません。

向き合い続け、投資し続ければ、必ず成功します。

もし迷ったら、本書を何度も読み返してください。時期を空けて繰り返し読むほど、データの見方や考え方の面で、新たな気づきを得られるはずです。そして、タイムリーな情報を仕入れたくなったら、ぜひ私のYouTubeを見に来てください。

もっと深く学びたくなったら、1万5000字ほどのレポートを毎日受け取れる「ゴールドメンバー」もあります。動画でも説明してはいますが、「レポートを読むとさらにわかるようになる」という声を多数もらっています。

ちなみに、このレポートは私が2001年から書き続けているものです。バックナンバーがすでに5500号を超えています。株式、債券、金利、為替、コモディティの各市場の分析と投資戦略について書き続け、それを実践してきました。

このようなさまざまな市場に関する内容のレポートを、これほどの長期間、一人で書き続けているのは、おそらく日本では私ひとりでしょう。

投資家というのは、意外と孤独なもの。データや論文に一人きりで向き合っていると見解が知らぬ間に偏りがちですが、メンバーになると懇親会に参加できるので投資家同士で交流できます。

さまざまな意見を交わすのは刺激にもなりますし、何より投資について対面で語り合う場そのものが貴重でしょう。参加者はみな楽しんでくれています。その証拠に、懇親会を企画するたび、いつもすぐに満員御礼。うれしい限りです。

「投資や資産運用の学校を作ってほしい」「運用してほしい」という依頼もよく来ますが、私の当面の目標は、**より多くの人に投資の面白さを実感してもらうこと。**また、メンバーになってくれるのはリテラシーの高い人ばかりですが、初心者でも楽しめる世界が広がっています。

「助かった」「たどり着けてよかった」との声もあるので、一人でも多くの方に、世界基準の投資法、そして「本当は楽しい」という投資の真実を伝えたいと考えています。

ヘッジファンドは人生最後の仕事として取っておき、まずは当面のミッションに邁進する所存です。

2024年5月　江守 哲

『新 NISA2.0』を読んでくださったみなさんへ

読者特典のご案内

投資家としてさらなる高みをめざしたい人は必見！

著者・江守哲による
投資戦略レポートとメンバー動画を
プレゼントいたします

＼下記 QR コードからアクセス！／

＼市場分析・投資判断などの情報を発信！／

YouTube
エモリちゃんねる

エモリファンドマネジメン
公式 HP

※読者特典は、予告なく変更・終了する可能性がございます

江守 哲（えもり・てつ）

エモリファンドマネジメント株式会社 代表取締役

1990年に慶応義塾大学を卒業後、住友商事株式会社に入社。ロンドン駐在後、1997年に世界最大のメタルトレーダーMetallgesellschaft社（現JPモルガン、ロンドン本社）に移籍。唯一の日本人として勤務し、世界30カ国を訪問し、ビジネスを拡大させた。帰国後、2000年に三井物産子会社に移籍し、「日本初のコモディティ・ストラテジスト」として活躍。現在も株式・債券・為替・コモディティ市場で資金運用を行う現役トレーダー。2021年にYouTubeチャンネル「エモリちゃんねる」を開始。市場分析・投資判断・資産運用に不可欠な情報を毎営業日配信している。2024年に投資初心者向けにYouTubeチャンネル「江守哲の米国株投資チャンネル」の配信を開始。2019年には当時の安倍政権直轄の「原油価格研究会」（経済産業省・資源エネルギー庁主宰）のメンバーとして市場分析および提言を行う。著作に、『ロンドン金属取引所（LME）入門』（1999年総合法令出版）、『米国株は3倍になる!』（2017年ビジネス社）、『金を買え 米国株バブル経済の終わりの始まり』（2020年プレジデント社）など多数。

新《しん》NISA《にいさ》2.0《にいてんぜろ》 初心者《しょしんしゃ》でも失敗《しっぱい》しない「世界基準《せかいきじゅん》のお金《かね》の増《ふ》やし方《かた》」

2024年6月27日　第1刷発行

著者　**江守《えもり》 哲《てつ》**

発行者　寺田俊治

発行所　**株式会社 日刊現代**
東京都中央区新川1-3-17　新川三幸ビル
郵便番号　104-8007
電話　03-5244-9620

発売所　**株式会社 講談社**
東京都文京区音羽2-12-21
郵便番号　112-8001
電話　03-5395-3606

印刷所／製本所　**中央精版印刷株式会社**

カバーデザイン　小口翔平＋畑中茜（tobufune）
本文デザイン　華本達哉（aozora）
編集協力　ブランクエスト

C0036

ISBN978-4-06-536437-6